Judith Kierschke / Thomas Schüßler

#konfilogin 2
Glaube in Lebenswelt und Gesellschaft – 10 Thementage

Praxisbuch für Unterrichtende

JUDITH KIERSCHKE
THOMAS SCHÜßLER

Glaube in Lebenswelt und Gesellschaft – 10 Thementage

Praxisbuch für Unterrichtende

Alle Arbeitsblätter sind auf der CD-ROM *#konfilogin 2 – Glaube in Lebenswelt und Gesellschaft – 10 Thementage Material-CD zum Praxisbuch für Unterrichtende* enthalten (Neukirchener Verlagsgesellschaft mbH, Neukirchen-Vluyn, ISBN 978-3-7615-6807-1).

Bibliografische Information der Deutschen Nationalbibliothek:
Die Deutsche Nationalbibliothek verzeichnet diese Publikation in der Deutschen Nationalbibliografie; detaillierte bibliografische Daten sind im Internet über http://dnb.d-nb.de abrufbar.

Gesamtgestaltung: Grafikbüro Sonnhüter, www.grafikbuero-sonnhueter.de
unter Verwendung von Bildern von 9george, maraga, Freud, artnLera, Giuseppe_R, Robbi, Dmytro Bochkov (shutterstock.com)
Lektorat: Ekkehard Starke
DTP: Andreas Sonnhüter, Niederkrüchten
Verwendete Schrift: Futura Light
Gesamtherstellung: CPI books, Ebner & Spiegel, Ulm
Printed in Germany
ISBN 978-3-7615-6806-4 Print
ISBN 978-3-7615-6807-1 Material-CD

www.neukirchener-verlage.de

1 Alle Kapitelüberschriften sind zitiert nach der Lutherübersetzung 2017.

ÜBER DIESES BUCH

Dieses Buch ist eine Weiterführung und Ergänzung unseres ersten Buches „#Konfilogin. Ein gemeindenaher Kurs in 15 Thementagen. Praxisbuch für Unterrichtende".

Dieser zweite Band widmet sich den Lebensweltthemen der Jugendlichen und zeitgeschichtlichen Themen, die grundlegend die gesellschaftliche Debatte bestimmen. In beiden Themenbereichen bieten wir christliche Antwortmöglichkeiten.

Wir erleben einen rasanten Wandel in der Gesellschaft, von dem auch die Kirche nicht ausgeschlossen ist: Digitalisierung, Globalisierung, Migration und Identitätssuche.

Eine Kirche, die für sich in Anspruch nimmt, lebensnah, aktuell und sinnstiftend zu sein, sollte in diesen Gebieten ihre spezifische, biblisch fundierte Sicht einbringen.

Kennzeichnend für die aktuelle Debattenkultur ist unserer Meinung nach eine polarisierende Darstellung. Dieser wollen wir bewusst nicht folgen, und somit geben wir in diesem Methodenbuch keine allgemeingültigen oder allein gültigen Antworten vor, sondern setzen uns mit den Jugendlichen gemeinsam mit diesen Themen auseinander. Die Jugendlichen entdecken christliche Antwortmöglichkeiten und können diese in Diskussionen einbringen. Sie werden mit Hilfe der in diesem Buch dargestellten Methoden an theologisches Denken und Argumentieren herangeführt.

Einige dieser Themen setzen voraus, dass die Leitungsperson die intellektuellen und emotionalen Fähigkeiten seiner/ihrer jeweiligen Gruppe gut einschätzen kann.

Wir beobachten auch unter den Jugendlichen eine starke Polarisierung bei diesen Themen. Weiter sehen wir, dass die Konfis von diesen Themen emotional angesprochen werden. Unserer Meinung nach sollten einige dieser Themen nur in einer gefestigten und gut bekannten Gruppe besprochen werden. Auch sind die meisten Themen in dieser aufbereiteten Form eher für 14jährige (und nicht für 12jährige) Konfirmand*innen geeignet.

An zwei Beispielen wollen wir kurz erörtern, um welche Art Themen es sich handelt und warum wir sie für Konfirmand*innen so wichtig halten:

1. Das Thema Geld: Geld bestimmt einen großen Teil unseres Alltags und damit auch den der Konfis. Über 50 Verse sind dazu in der Bibel zu finden und liefern teils heftige Verurteilungen von Geld und Reichtum. Doch ohne Geld gäbe es kaum kirchliche Angebote, noch könnten Hilfsorganisationen unterstützt werden. Den Jugendlichen Grundkenntnisse über die Finanzierung der kirchlichen Arbeit zu geben, halten wir für sehr wichtig auch im Hinblick darauf, dass sie später, sobald sie einmal Einkommen erwirtschaften, die Kirche mitfinanzieren werden.

2. Totalitarismus und Diktatur: Wir erleben weltweit, dass demokratische Grundwerte vermehrt in Frage gestellt werden. Viele Menschen sind mit ihrer Lebens- oder politischen Situation unzufrieden. Hier scheint eine Sehnsucht nach einfachen Antworten da zu sein. Die Lösung: eine politische Führungsfigur, eine Partei oder auch eine Religion, die vermeintliche Antworten und ein besseres Leben verspricht. Oft wird dabei akzeptiert, dass einzelne gesellschaftliche Gruppen oder Menschen mit abweichenden Lebensentwürfen in ihren Freiheiten eingeschränkt werden. Mit den Jugendlichen wollen wir diese Gefahren in der Einheit „Totalitarismus, diktatorische Herrscher und Missbrauch der Religion" betrachten.

Natürlich sind diese beiden Themen – und auch alle weiteren – nicht umfassend dargestellt. Das Buch ist ein Versuch, sich mit dieser Altersklasse an die aufgeworfenen Themenkomplexe heranzutasten und hier die christliche Stimme bewusst wahrzunehmen.

Praktisch sind die Einheiten wie in dem Band „#Konfilogin“ aufgebaut.

Wir treffen uns mit den Konfis monatlich, samstags in der Zeit zwischen 10.00 und 16.00 Uhr.

Beginn und Ende eines jeden Konfitages finden mit einer kurzen Andacht in der Kirche statt. Lieder und Bibeltextvorschläge zum Thema des Tages werden in den einzelnen Kapiteln genannt.

In den Andachten bekommen die Jugendlichen die Möglichkeit, ihre eigene Spiritualität zu vertiefen und liturgische Formen einzuüben und zu festigen.

Die ausgewählten Lieder sind eine Mischung aus traditionellem und neuerem Liedgut. So wird Altes bewahrt und Neues kennengelernt.

Teamer*innen sind ein wesentlicher Bestandteil dieses Konzepts. Sie begleiten die Konfitage und übernehmen in der Kleingruppenarbeit die Leitung einer Gruppe.

Anders als in dem 1. Buch „#Konfilogin“, legen wir den Fokus hier nicht in erster Linie auf die Beziehung der Konfis zur Gemeinde, sondern uns ist vor allem wichtig, dass die Jugendlichen in einer guten und vertrauten Atmosphäre miteinander diskutieren und arbeiten können.

Sollten sich Einbeziehungen der Gemeinde besonders anbieten, erwähnen wir das in den jeweiligen Kapiteln.

Die Themen sind auch für andere Gemeindekreise oder Schulklassen relevant und können dort auch gut genutzt werden. Interessant wird es, wenn man ein Thema in verschiedenen Gemeindekreisen parallel behandelt und dann die „Ergebnisse“ oder daraus resultierende Fragestellung miteinander in Beziehung setzt.

WELTWEITES CHRISTENTUM

„IN MEINES VATERS HAUS SIND VIELE WOHNUNGEN“

AUF EINEN BLICK

Diese Einheit blickt über die eigene Heimatgemeinde hinaus und verortet die Jugendlichen als Christ*innen in ein weltweites, lebendiges und vielseitiges Christentum.

Beobachtet man aktuell, dass in Deutschland die christlichen Kirchen immer mehr an Bedeutung und Mitgliedern verlieren, so zeigt ein Blick weltweit, dass das Christentum wächst.

Das Christentum ist die größte Religionsgemeinschaft weltweit. Mit ca. 31 % der Weltbevölkerung[2] liegt sie vor den Muslimen (24 %), 16 % geben an, keiner Religion anzugehören, und Hindus und Buddhisten folgen anschließend den Zahlen nach.

Der Katholizismus ist die größte Glaubensrichtung des Christentums, verbreitet vor allem in Südeuropa und Lateinamerika. Es folgen die Protestantischen Kirchen, hauptsächlich verteilt auf Nordameri-

2 Vgl. u. a.: https://www.evangelisch.de/inhalte/144299/16-06-2017/diese-religion-haben-die-menschen-heute-und-diese-2060

ka und Nordwesteuropa. Die orthodoxen Christen leben zu großen Teilen in Osteuropa. Dazu kommen noch diverse Freikirchen, Zeugen Jehovas, Charismatiker …

Den zahlenmäßig größten Zuwachs haben christliche Kirchen aktuell in Afrika und Asien.

In vielen Regionen der Welt wächst das Christentum (Südamerika, Asien, Afrika), zugleich werden Christen in vielen Ländern verfolgt und können ihren Glauben nicht frei ausleben.

Das Christentum ist die weltweit am stärksten unterdrückte Religionsgemeinschaft. Rund 260 Millionen Christen in 50 Ländern werden wegen ihres Glaubens misshandelt, gefoltert, eingesperrt und getötet.[3]

Schon an diesen wenigen Zahlen ist sichtbar, dass das Christentum keine einheitliche Religion ist. Es gibt unterschiedlichste Ausprägungen.

Was macht sie über alle Unterschiedlichkeiten hinweg dennoch zu einer christlichen Gemeinschaft? Nicht zuletzt dieser Frage gehen wir an diesem Konfitag nach. Als christlich bezeichnen sich alle jene Konfessionskirchen, kirchliche Gemeinschaften und religiösen Bünde, die sich selbst auf Jesus Christus zurückführen. Religionswissenschaftlich dient der Begriff Christentum in erster Linie zur Unterscheidung der christlichen Religionen von anderen Weltreligionen.

Für das Christentum von zentraler Bedeutung ist der Glaube an Jesus Christus als Sohn Gottes. Auch die Bibel als Offenbarung Gottes ist fundamental. Aber schon bei der Auslegung der Bibel gibt es innerhalb der christlichen Glaubensgemeinschaft große Unterschiede.

Jenseits aller Unterschiede, Probleme und Umstände ist die Christenheit der eine Leib Christi mit Christus als ihrem Haupt. Jede*r einzelne Christ*in und jede einzelne Gemeinde ist ein Glied dieses mystischen Leibes.

Als Christ*in ist es gut zu wissen, wie es weltweit um meine Geschwister im Glauben steht. Dazu trägt diese Einheit bei.

---

3 Vgl. https://www.opendoors.de/christenverfolgung

VERLAUFSPLAN

Beginn	Inhalt	Medien
Beginn	Andacht	
Einstieg	Zahlen, Daten, Fakten	Bild
Erarbeitung	1) Unsere Partnergemeinde/ Mamlaka Hill Chapel Kenia 2) Hillsong Church 3) Verfolgte Christen 4) Orthodoxe Christen 5) Christen in Südkorea 6) Katholische Kirche	Fragebögen für die Stationenarbeit (AB 1) AB 2–7
Auswertung	Mit Hilfe der Fragebögen werden Kernaussagen zum Christentum formuliert	Umzugskartons und Bastelmaterial
Pause		
Kreativteil	Umzugskartons gestalten als „Wohnungen Gottes“	
Ende	Abschlussandacht	

ANDACHT

Bibeltext: Johannes 14,1-6

Lieder:

- Strahlen brechen viele (EG 268)
- This I believe (The Creed / Hillsong) (Feiert Jesus 5/144)

EINSTIEG

Nach der Andacht wird der Einstieg in dieses Thema mit Hilfe folgender Weltkarte (Bild 1) gegeben.

Zunächst wird nur die Karte mit den farbigen Flächen gezeigt, ohne weitere Erklärung. Die Konfis sollen überlegen, was diese Karte zeigt und wofür die Farben stehen könnten.

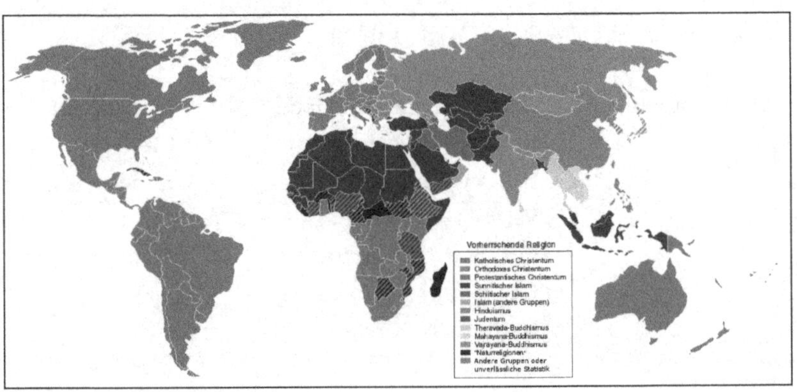

Bild[4]

Nachdem sie selber Überlegungen abgeben konnten, wird ihnen gesagt, dass auf dieser Karte die Verteilung der Weltreligionen zu sehen ist. Die Jugendlichen überlegen nun, welche Farbe für welche Religion stehen könnte.

Anschließend wird mit ihnen gemeinsam die Karte mit den Erläuterungen betrachtet. Haben die Jugendlichen das so gedacht; oder ist es völlig überraschend? Darüber wird kurz gesprochen.

Auch die Zahlen der Christen in Deutschland werden den Konfis genannt. Von rund 83 Millionen Einwohnern in Deutschland gehört ca. die Hälfte organisatorisch einer christlichen Kirche an. „Im Jahr 2019 betrug die Anzahl der Mitglieder der römisch-katholischen Kirche rund 22,6 Millionen. Circa 21,7 Millionen Personen gehörten der

---

4 https://upload.wikimedia.org/wikipedia/de/2/2b/Weltreligionen.png?1610201062270

evangelischen Kirche an."[5] Das Christentum ist somit die größte Glaubensgemeinschaft in Deutschland.

ERARBEITUNG

Da das Christentum so unterschiedlich geglaubt und gelebt wird und die Konfis mehrere Aspekte davon in dieser Einheit kennenlernen sollen, arbeiten wir mit unterschiedlichen Stationen. An jeder Station wird eine Konfession oder Denomination des Christentums näher betrachtet. Dies geschieht mit Hilfe eines kurzen Einleitungstextes (AB 2–7) und einem YouTube-Video zu jeder Station.

Bei den Stationen haben wir auf eine möglichst große Vielfalt Wert gelegt. Wichtig war uns, unterschiedliche Kontinente und unterschiedliche Ausprägungen des christlichen Glaubens beispielhaft zu zeigen. Mit nur 6 Stationen kann man das Christentum nicht in seiner Ganzheit und Komplexität betrachten. Es kann aber ein erster Überblick darüber entstehen, wie Christen in anderen Ländern und in anderen christlichen Glaubensgemeinschaften ihren Glauben leben. Natürlich kann man die 6 Stationen beliebig erweitern. Besonders bietet sich das an, wenn die eigene Gemeinde eine Partnergemeinde in einem anderen Land hat.

Die Gruppe wird in mehrere Kleingruppen aufgeteilt. Jeder Konfi bekommt einen Fragebogen (AB 1). Der Fragebogen wird vor der Stationenarbeit mit den Jugendlichen besprochen.

Sie sehen vertikal die 6 unterschiedlichen Stationen, die sie im Laufe der Einheit besuchen sollen. Horizontal sehen sie Stichpunkte, z. B. Bibel, moderne Musik, Kirchengebäude.

Nachdem sie an einer Station waren, sollen sie hier ankreuzen, ob und was davon an dieser Station zutraf. Besonderheiten sollen sie extra notieren.

Als Beispiel kann man sagen, bei der Hillsong Church könnte angekreuzt werden: Wachstum, Bibel, Jesus Christus, Gebet (all das spielt bei Hillsong eine große Rolle).

---

5 https://de.statista.com/themen/125/religion/

Bei den Punkten „missionarische Aktivitäten" und „Kirchengebäude" könnten sie extra vermerken:

Kirchengebäude: oft große Hallen, Kinos ...

Missionarische Aktivitäten: durch moderne Musik sollen besonders Jugendliche erreicht werden.

AUSWERTUNG

Nachdem alle Jugendlichen die unterschiedlichen Stationen besucht haben, kommen sie wieder zusammen, und die Fragebögen werden gemeinsam ausgewertet.

Was haben die Jugendlichen in den unterschiedlichen Stationen gesehen und aufgeschrieben. Haben sie noch Nachfragen? Haben sie Gesprächsbedarf zu einzelnen Stationen?

Ziel dieser Auswertung sollte sein, an Hand der Fragebögen konfessionsübergreifende Aussagen zum Christentum weltweit zu treffen.

Von den Jugendlichen wird hier eine Abstraktionsleistung gefordert, die die einzelnen Stationen zusammendenkt und den Blick weitet. Gemeinsamkeiten, aber auch Unterschiede zur selbst erlebten Glaubenspraxis sollen erkannt werden. Was bedeuten die einzelnen Stationen zusammen für das Thema „Christentum weltweit"?

Folgende Aussagen können möglich sein:

- Das Christentum ist die größte Weltreligion.
- Das Christentum gibt es auf der Welt in unterschiedlichen Formen.
- Das Christentum wächst in einigen Ländern der Welt rapide an.
- Christen werden in einigen Ländern verfolgt.
- Jesus Christus wird in allen christlichen Gemeinden verkündigt.
- Die Bibel ist grundlegend in allen christlichen Gemeinden.
- Überall auf der Welt gibt es christliche Gottesdienste.
- Singen und Beten sind ein wichtiger Teil christlicher Gottesdienste.

Die zusammengetragenen Ergebnisse werden für alle visualisiert (Tafel/Flipchart).

KREATIVTEIL

Auf das Tagesthema „In meines Vaters Haus sind viele Wohnungen" wird hingewiesen und an den Bibeltext (Joh 14,1–6) aus der Anfangsandacht erinnert. Die Jugendlichen bekommen die Aufgabe, mit Umzugskartons ein großes Haus zu bauen. Jeder einzelne Karton bildet eine Wohnung in diesem Haus ab. In diesem Fall eine der Stationen des Vormittags. Eine Ausprägung des Christentums.

Die Jugendlichen finden sich in Kleingruppen zusammen und bearbeiten als Kleingruppe je eine Ausprägung des Christentums mit einem Karton. Auf der Vorderseite des fertigen Hauses soll ein Bild ihrer „Kirche" entstehen. Auf der Rückseite soll es offen sein, und man kann einen Einblick in die gelebte Religion dieser Glaubensrichtung bekommen. Es kann z. B. ein Gottesdienstraum dieser Kirche sein, den man künstlerisch in diesen Karton gestaltet. Dazu können die Konfis u. a. einen QR-Code generieren[6] und mit diesem auf typische Musik für ihre Station hinweisen. Z. B. ein Hillsong-Lied oder Gregorianische Gesänge.

Sind alle Gruppen fertig, entsteht künstlerisch ein Haus Gottes mit vielen Wohnungen.

Dieses Kunstwerk kann entweder für einen kommenden Kinderbibeltag genutzt werden oder für andere kirchliche Gruppen bereitgestellt werden, um darüber zu diskutieren. Auch in der Schule bietet es sich an, damit weiter zu arbeiten.

Im Kirchenraum kann dieses Kunstwerk ausgestellt werden und der Gemeinde gezeigt und erklärt werden.

---

6 Das geht sehr einfach und ist von den Jugendlichen mit Technik-Erfahrungen zu meistern. Vorher kann mit ihnen dazu eine Erklärung angesehen oder durchgelesen werden. Auch können Teamer*innen hier eine große Hilfe sein, wenn sie sich vorher damit beschäftig haben. Im Internet könnten sie vorher recherchieren, wie man einen QR-Code generiert.

FÜR ZEITSPARER

ARBEITSBLATT 1 / FRAGEBOGEN

	Wachstum	Verfolgung	Bibel	Jesus Christus	Gebet	Moderne Musik	Traditionelle Musik	Missionarische Aktivitäten	Kirchengebäude
1. Partnergemeinde									
2. Hillsong									
3. Verfolgte Christen									
4. Orthodoxe Christen									
5. Christen in Südkorea									
6. Katholische Kirche									

7: Was noch extra zu erwähnen ist

Zu 1:

Zu 2:

Zu 3:

Zu 4:

Zu 5:

Zu 6:

ARBEITSBLATT 2

1) UNSERE PARTNERGEMEINDE (AFRIKA/KENIA/NAIROBI)

Der Evangelische Kirchenkreis Oderland-Spree unterhält eine sehr enge Partnerschaftsbeziehung zur Mamlaka Hill Chapel in Nairobi (Kenia). Diese ist ein gutes Beispiel für eine junge wachsende afrikanische Gemeinde.

Mit 613 Millionen Christen leben in Afrika mehr Christen als auf jedem anderen Kontinent.[7]

Die Mamlaka Hill Chapel in Kenia entstand um das Jahr 2005. In Nairobi wurden damals 6 Nairobi Chapels neu gegründet. Mit 80 Gottesdienstbesuchern fing alles an. Die Zahl schoss ziemlich schnell auf 500 Gottesdienstbesucher an. Die Kirche wuchs immer weiter. Heute besuchen ca. 3000 Menschen einen der 3 Gottesdienste, den Jugendgottesdienst oder Kindergottesdienst. Neben der eigenen Gemeinde wuchsen auch die missionarischen Aktivitäten, die Arbeit nach außen. So bieten sie medizinische und tiermedizinische Hilfe an. Sie unterstützen viele soziale Projekte innerhalb und außerhalb

7 https://www.livenet.de/themen/gesellschaft/international/afrika/330824-in_afrika_leben_mehr_christen_als_in_jedem_anderen_kontinent.html

Kenias. Mamlaka Hill Chapel sendet regelmäßig Pastorenehepaare in verschiedene Regionen der Welt, um diese zu unterstützen (USA, Deutschland, Ruanda, Neuseeland).

Auf ihrer Homepage geben sie zu ihrer Gemeinde und zu ihrem Auftrag folgendes Statement ab (gekürzt und übersetzt):[8] „Wenn Sie auf der Suche nach einer aufregenden und lebendigen Kirche sind, in der Sie Gottesdienst genießen, Gemeinschaft haben und eine erhebende geistliche Verbindung mit Gott erleben können, dann suchen Sie nicht weiter! Kommen Sie zu uns.

UNSERE VISION
Menschen befähigen: Leben, Gesellschaft und die Welt zu verändern.

UNSERE MISSION
Persönliche Intimität mit Christus zu fördern, um gottgefällige Gemeinschaften aufzubauen, die die Nationen für Christus beeinflussen werden.

UNSERE GRUNDWERTE

Hingabe an Gott
Wir wünschen und streben danach, dass jedes Leben in Mamlaka ein Zeugnis der Herrschaft Christi ist. Wir wünschen und streben danach, dass jedes Leben in Mamlaka von Liebe, Treue und Begeisterung zu Gott geprägt ist [1 Thess 2,10; Pred 12,13; Matthäus 7,15 -20].

Mamlaka Hill Chapel hat unzählige Videos und Übertragungen ihrer Gottesdienste auf YouTube (MamlakaHill Chapel) eingestellt. Ein kleiner Blick in eines der Videos fängt die Stimmung in den Gottesdiensten und in der Gemeinde gut ein.

Die meisten Videos haben eine Länge von 1-2 Stunden. Hier werden Ausschnitte gezeigt.

---

8 http://mamlakahillchapel.org/ourdna/

ARBEITSBLATT 3

2) HILLSONG (AUSTRALIEN – WELTWEIT)

Die Hillsong Church wurde 1983 in Sydney (Australien) von dem Pfarrehepaar Brian und Bobbie Housten gegründet. Mittlerweile ist sie eine der Megachurches und hat heute 123 Gemeinden (Campus) in 19 Ländern der Welt. In Deutschland gibt es Gemeinden in Berlin, Konstanz, Düsseldorf und München.

Vor allem mit und durch ihre Musik ist diese Kirche bekannt und erfolgreich geworden.

Die Gottesdienste ähneln großen Konzerten und finden in Kinos oder großen Messehallen statt. Die Hillsong Church hat eigene Popmusik, CDs, Fernsehsender und eine große Onlinepräsenz. Bei den Gottesdiensten, die im Wesentlichen aus Musik und einem Predigtteil bestehen, herrscht eine lockere und entspannte Atmosphäre. Bibelstellen werden in moderner Übersetzung vorgelesen, es wird laut mitgesungen und getanzt. Hillsong will besonders junge Menschen ansprechen. Hillsong Churches kennen keine feste Mitgliedschaft. Sie finanzieren sich über Spenden. Es wird erwartet, dass man 10 % seines Gehalts spendet, so steht es auch in der Bibel.

Schaut euch bitte folgendes kurzes Video an (die deutsche Übersetzung des Videos findet ihr auf dem Arbeitsblatt) und hakt anschließend Passendes auf euren Fragebögen ab:

https://www.youtube.com/watch?v=Btv7xoQBEa8&fbclid=IwARo4zcMBnVJuka9Llef7w3lU1TfI3PK_wKeJ4Y-JcDm9Huv9lsNM4DQ6sCQ[9]

---

9 Hillsong: Your name high, von 2008, Musikvideo mit Einführung, einer kleinen Andacht und Hinführung zum Lied.

Deutsche Übersetzung des Videos

Sieh dich um. Das ist unsere Kirche. Das ist Kirche.
Mit allem, was wir haben und was passiert, wünschen wir uns in unseren Herzen, dass wir uns wirklich verbinden wollen mit unserem Schöpfer.
Wir kommen zusammen und singen mit einer Stimme, wir vereinen unsere Herzen und singen diese Lieder, wir verkünden die Ehre Gottes.
Gott darf hier Gott sein!
Gott wird Gott sein in unseren Herzen.
So werden wir singen und tanzen und beten und Gott in allem loben.
Bereite dein Herz darauf vor, dem lebendigen Gott zu begegnen, weil das hier jetzt passieren wird. Und wir können unsere Erwartungen übertreffen.
Ich weiß, das wird hier wirklich passieren, wenn wir Gott wirklich in diesen Platz einladen, in unsere Herzen einladen.
Wir werden stehen und beten.

Jesaja 42,8-12

8 Ich bin der HERR, das ist mein Name; ich überlasse die Ehre, die mir gebührt,
keinem andern, meinen Ruhm nicht den Götzen. 9 Siehe, das Frühere ist ein-
getroffen, Neues kündige ich an. Noch ehe es zum Vorschein kommt, mache ich
es euch bekannt.
10 Singt dem HERRN ein neues Lied, seinen Ruhm vom Ende der Erde her, die
ihr das Meer befahrt, seine Fülle, die Inseln und ihre Bewohner! 11 Die Wüste
und ihre Städte sollen sich freuen, die Dörfer, die Kedar bewohnt. Die Bewoh-
ner von Sela sollen singen vor Freude und jubeln auf den Gipfeln der Berge. 12
Sie sollen dem HERRN die Ehre geben, sein Lob auf den Inseln verkünden.

Text des Liedes (frei übersetzt)

Deine Unschuld hast du aufgegeben. Am Kreuz hast du dich für uns hingegeben, getragen in deine Freiheit.
Unserer zerbrochene Vergangenheit hast du eine zweite Chance gegeben.
Die Ketten sind gelöst, der Tod widerstanden in der Liebe des Vaters.
Wir leben, um deinen Namen zu erhöhen, Jesus, (Refrain)
Jesus, du gibst uns, was die Welt uns nicht geben kann.
Sag, was sie wollen, wir sind frei!

Die Atmosphäre verändert sich. Kannst du es hören? Die Menschen erheben sich, in der Hoffnung auf deine Freiheit. Unsere alten Wege brechen auf, wir suchen dein Angesicht. Gott, lass dein Reich kommen! Indem wir dich loben, erheben wir dich.
Mit erhobenen Augen preisen wir dich, und mit einer Stimme kommen wir zusammen. Unser einziger Wunsch ist es, dich zu preisen und dich mit unserer Hingabe zu erheben!

ARBEITSBLATT 4

3) VERFOLGTE CHRISTEN

In vielen Regionen wächst das Christentum, in anderen Ländern werden Christen verfolgt und dürfen ihren Glauben nicht frei ausleben.

Weltweit werden mehr als 260 Millionen Christen verfolgt und müssen leiden, allein aus dem Grund, weil sie Christen sind. Wir befinden uns in einer Zeit der weltweit größten Christenverfolgung. In vielen Ländern werden aktuell Christen verfolgt, z. B.: Nordkorea, Afghanistan, Somalia, Libyen, Pakistan, China, Iran, Nigeria ...

In einigen Ländern ist es ihnen verboten, an Gottesdiensten teilzunehmen oder gemeinsam zu beten, in anderen Ländern werden Christen gefoltert und getötet, nur wenn sie eine Bibel besitzen.

Guckt euch folgende YouTube-Filme an und schreibt auf das Arbeitsblatt, was euch von dieser Station wichtig erscheint.

https://www.youtube.com/watch?v=WWouUWu9iPc
Christenverfolgung heute: In diesen 5 Ländern ist sie am stärksten #Weltverfolgungsindex2019 (Dauer 3½ Minuten)

Und:
https://www.youtube.com/watch?v=An1IGJOxOjg
Christenverfolgung in Ägypten: Gefährlicher Glaube im Urlaubsland

ARBEITSBLATT 5

4) ORTHODOXE CHRISTEN (OSTEUROPA/RUSSLAND)

Neben der römisch-katholischen Kirche und den protestantischen Kirchen ist die orthodoxe Kirche die drittgrößte christliche Konfession.

Weltweit gibt es rund 300 Millionen[10] orthodoxe Christen. Sie leben hauptsächlich in Russland, Griechenland, Serbien, Bulgarien und Ägypten.

Vor gut 1000 Jahren (im Jahr 1054) trennten sich die katholische und orthodoxe Kirche voneinander. Beide waren sich in mehreren Glaubensfragen uneins. So glaubt die orthodoxe Kirche nicht an die Unfehlbarkeit des Papstes und sieht diesen nicht als Oberhaupt ihrer Nationalkirchen an. Diese werden von verschiedenen Patriarchen geleitet.

Orthodox bedeutet „rechtgläubig" und „auf rechte Weise Gott die Ehre gebend". Beides ist kennzeichnend für die orthodoxen Kirchen, die rechte Lehre und der rechte Lobpreis (Gottesdienst). In der göttlichen Liturgie, deren Mitte die Eucharistie (Abendmahl) ist, vereinen sich die Gläubigen im Heiligen Geist ganz mit Jesus Christus.

Eine wichtige Rolle im Glaubensleben spielen die Ikonen. Ikonen sind bildliche Darstellungen von heiligen Personen in den orthodoxen Kirchen. Sie werden in der Kirche geweiht, und durch diese Weihe kommt die Gnade des Heiligen Geistes auf sie herab. Die orthodoxen Christen glauben, dass durch geweihte Ikonen auch Wunder geschehen können. Menschen, die sie verehren und anbeten, hoffen auf Trost und Hilfe.

Die orthodoxen Gottesdienste sind sehr aufwändig gestaltet, mit orthodoxer Musik, vielen Kerzen und Weihrauch.

---

10 https://www.laenderdaten.info/religionen/orthodoxe.php

Kirchenfeste werden in der orthodoxen Kirche anders berechnet, so fällt Weihnachten z. B. auf den 6. Januar.

https://www.youtube.com/watch?v=S2wdhX7GUnM
Beispiel einer orthodoxen Gemeinde in München.
Um einen Eindruck in die russisch-orthodoxe Liturgiegesänge zu bekommen, lohnt sich ein Blick in folgendes Video:

https://www.youtube.com/watch?v=2SPPFCkrmKE
Russisch Orthodox – Russian Orthodox / Liturgische Gesänge – Liturgical Chants

ARBEITSBLATT 6

5) CHRISTEN IN SÜDKOREA[11] (ASIEN)

Ein Reiseführer beschrieb bereits vor etwa 40 Jahren die Situation in Korea so:

„Sonntags in Seoul. Es ist halb fünf Uhr morgens. Menschen mit ledergebundener Bibel und Gesangbuch unter dem Arm beleben die noch dunklen Straßen. Sie sind die Vorhut eines bis in die späten Abendstunden nicht abreißenden Stromes von Gläubigen auf dem Weg in die Kirchen der Hauptstadt, die mit ihren Lautsprechern und Glocken zum Gottesdienst rufen."[12]

Es gibt kein asiatisches Land, in dem das Christentum sich so stark ausgebreitet und verankert hat wie Südkorea. Noch heute verzeichnen die christlichen Kirchen in Südkorea außergewöhnliche Wachs-

---

11 Für diesen kleinen Einblick „Christen in Südkorea" danken wir Pfarrer Dr. Ulrich Schöntube.

12 H. W. Maull: Korea, München 1987, S. 105.

tumsraten. Neben den Megachurches der charismatischen Pfingstkirchen sind es vor allem selbstständige protestantische Kirchen, denen die meisten Koreaner angehören. Ihr Charakter ist durch ihre Gründungszeit geprägt, die im 19. Jahrhundert liegt. Amerikanische Missionare wie bspw. John Nevius vertraten die Auffassung, eine Gemeinde müsse sich durch die „Drei Selbst" tragen: Selbsterhaltung, Selbstausbreitung, Selbstverwaltung.[13] Es entstanden Kirchengemeinden, die Wert auf ihre Eigenverantwortung und Unabhängigkeit legen. Das ist bis heute so. Sie werden durch einen gewählten Ältestenrat in allen Belangen geleitet, dem sogenannten Presbyterium. Man nennt diese Gemeinden deshalb auch presbyterianische Gemeinden. Diese Gemeinden legen für sich fest, welchen Richtungen der christlichen Lehre sie folgen, ob sie beispielsweise glauben, dass der biblische Schöpfungsbericht, die Jungfrauengeburt wörtlich zu verstehen sind oder nicht; oder ob der christliche Glaube politische Konsequenzen hat oder nicht; oder ob ihre Gemeinde mit der weltweiten Christenheit zusammenhängt oder nicht. Diese Eigenverantwortung in allen Fragen enthielt ziemlich viel Zündstoff unter den Gemeinden. Es gab viel Streit. Heute gibt es ca. 130 presbyterianische Kirchen, die unter sich verschiedenste Gemeinden versammeln. Insofern ist die Vielfalt ein Kennzeichen der protestantischen Kirchen in Südkorea.[14]

Eine relativ „normale" Gemeinde ist die presbyterianische Gemeinde in der koreanischen Millionenstadt Daegu, die Dongil-Gemeinde: *www.dongil.org.*

Zu ihr gehören zweitausend Mitglieder. Sie finanzieren acht Pastoren, ein Hochhaus, in dem der Kirchsaal, ein Kino, eine Bibliothek, ein Kindergarten, ein Restaurant und Büros untergebracht sind. Am

---

13 I.S. Kim, Art.: Nevius Methods, in Dictionary of Asian Christianity, Grand Rapids 1953, S. 598.

14 Friedrich Huber, Das Christentum in Ost-, Süd- und Südostasien sowie Australien, Kirchengeschichte in Einzeldarstellungen VI/8, Leipzig 2005, S. 265.

Sonntag finden sieben Gottesdienste statt, zu dem alle Gemeindeglieder kommen. Das wäre mit unseren Heiligabenden in großen Gemeinden vergleichbar. Nicht zum Gottesdienst zu gehen am Sonntag ist für die Gemeindeglieder undenkbar. Man verbringt dort in der Regel den ganzen Sonntag. Nach dem Gottesdienst geht man in die Cafeteria, isst etwas, hört über den Fernseher die zweite oder dritte Predigt, geht danach zur Chorprobe, in die Bibliothek oder die Sonntagsschule, oder zu Vorträgen.

Die Gottesdienste werden im Kirchsaal von einem Orchester begleitet. Die Lieder werden mit einem Beamer an die Wand geworfen. Die Predigt dauert in der Regel 30 bis 45 Minuten.

Die Gemeinde hat ein Internat und eine Schule für Kinder aus verarmten Familien am Stadtrand gegründet, zu der 400 Schüler*innen gehören. Durch ihre Finanzkraft – jedes Gemeindeglied gibt 10 % seines Einkommens als Kollekte – gehören der Gemeinde mehrere Hochhäuser mit Appartements.

ARBEITSBLATT 7

6) KATHOLISCHE KIRCHE

Die römisch-katholische Kirche ist mit 1,3 Milliarden Mitgliedern (ca. 18 % der Weltbevölkerung) weltweit die größte christliche Glaubensgemeinschaft. Der Name römisch-katholisch entstand erst im Zuge der Reformation zur Unterscheidung von den sich abspaltenden protestantischen Kirchen.

Das Oberhaupt der römisch-katholischen Kirche ist der Papst, der sich als Stellvertreter Jesu Christi auf Erden versteht. Er ist nach katholischer Lehre unfehlbar in Glaubensfragen und steht in direkter Nachfolge von Petrus. Seine Aufgabe ist die Leitung der weltweiten katholischen Kirche. Er wohnt und arbeitet im Vatikan (dem kleinsten anerkannten Staat der Welt).

Im Unterschied zu der evangelischen Kirche hat die katholische Kirche 7 Sakramente, Frauen dürfen keine Priester werden, und die Priester leben zölibatär Die Marien- und Heiligenverehrung spielt hier eine große Rolle. Ein großer theologischer Streitpunkt mit den Protestanten ist das Abendmahlsverständnis. Nach katholischer Lehre ist Jesus Christus im gewandelten Brot und Wein wahrhaftig gegenwärtig. Der katholische Gottesdienst ist ähnlich wie ein evangelischer Gottesdienst. Meist ist er aufwändiger gestaltet. Die katholische Kirche beruft sich auf die Gründung durch Jesus Christus selbst mit dem Wort an Petrus aus Mt 16,18.19 „Du bist Petrus, und auf diesen Felsen will ich meine Gemeinde bauen …“.

https://www.youtube.com/watch?v=6NX6QLwdxuk
Papst Franziskus – nach einem Jahr im Amt (3 Minuten).

KIRCHE UND GELD / REICHTUM UND ARMUT

„SO GEBT DEM KAISER, WAS DES KAISERS IST, UND GOTT, WAS GOTTES IST“

AUF EINEN BLICK

Der Einstieg in dieses Thema erfolgt über einen kleinen Wettbewerb, eine Challenge, die die Jugendlichen als Hausaufgabe aus der letzten Sitzung mitnehmen.

Im Anschluss an die biblische Geschichte „Von den anvertrauten Zentnern“ in Matthäus 25,14-20 bekommt jeder Konfi 10 Euro und die Aufgabe, für die nächste Sitzung mit diesem Geld das Bestmögliche für die Gemeinde „rauszuholen“. Ähnlich der biblischen Erzählung.

In der Bibel findet sich keine einheitliche Anleitung zum Umgang mit Geld oder für das optimale Verhältnis von Mensch und Geld. Generell lässt sich sagen, dass die Bibel an der Beseitigung von Armut und Ungerechtigkeit interessiert ist (z. B. Ex 23,6; Dtn 24,14). Wenn es möglich ist „soll überhaupt kein Armer unter euch sein“ (Dtn 15,4).

In den Evangelien wird den Armen das Evangelium gepredigt. Jesus selbst war arm. Den Armen wird eine bedingungslose Heilszusage zugesprochen (Lukas 6,20).

Die Reichen sollen ihren Besitz abgeben (Mt 19,16-26), und vor Reichtum wird gewarnt (Mt 6,24). Die Urgemeinde richtete das Amt des Armenpflegers ein, der die Versorgung der Witwen und Armen regeln sollte (Apg 6,1-7).

Andererseits wird Reichtum in der Bibel nicht generell negativ aufgefasst. So kann im Alten Testament Reichtum auch als Zeichen des Segens angesehen werden (vgl. Gen 24,35; Dtn 15,6; 1 Sam 17,25). Auch unsere Einstiegsgeschichte in dieses Thema kann so gedeutet werden, dass es durchaus erstrebenswert ist, viel mit seinem Geld zu erreichen. Dafür werden die Knechte in der Geschichte sogar belohnt.

Der Reichtum birgt jedoch die Gefahr, den Schöpfer zu vergessen (Dtn 8). Auch wird betont, dass Reichtum vergänglich ist (Ps 49,13; Koh 5,9-6,2).

Das Thema „Geld" ist für die Jugendlichen in ihrer Lebenswelt ein sehr aktuelles und entwicklungspsychologisch gesehen passendes Thema.

Sie sind in einem Alter, in dem sie immer mehr lernen, mit Geld umzugehen. Manche Jugendliche bekommen Taschengeld. Andere arbeiten im Haushalt mit und erhalten dafür Geld. Viele Jugendliche haben kommerzielle Wünsche und merken nun, dass nicht alles immer gleich gekauft werden kann. Besonders sichtbar wird das am „Statussymbol" Handy. Zur Konfirmation bekommen die Jugendlichen oft Geld geschenkt, und bei vielen ist es zum ersten Mal in ihrem Leben eine wirklich große Summe.

Diese Einheit will zum einen auf den persönlichen Umgang der Jugendlichen mit Geld aufmerksam machen und zum anderen Jugendlichen erklären, wie die eigene Kirchengemeinde finanziert wird. Sie zeigt den Jugendlichen auch, welchen Beitrag Christen dazu beitragen (Kirchensteuer).

Die Kirchensteuer ist in der Öffentlichkeit und auch unter Gemeindegliedern sehr umstritten. Immer wieder treten Menschen wegen dieser Steuer aus der Kirche aus. Warum gibt es sie? Ist es nicht unfair? Zahlen wir nicht alle viel zu viel?

Die Kirchensteuer wurde 1919 in Deutschland eingeführt, um die Trennung von Kirche und Staat rechtlich und finanziell abzusichern. Sie wird von den staatlichen Finanzämtern eingezogen und dann den Kirchen übergeben. Dieser Weg steht allen Religionsgemeinschaften, die den Status einer „Körperschaft öffentlichen Rechts" haben, offen. Würde die Kirche diese Beiträge selbst einziehen, müsste sie dafür eigens Strukturen schaffen, was erhebliche Kosten zur Folge hätte. Deshalb lässt sie die Erhebung über das Finanzamt machen – das über alle dafür notwendigen Daten verfügt und diese sicher verwaltet. Die evangelische Kirche bezahlt das Finanzamt für diese Dienstleistung mit einer prozentualen Beiteiligung am Steueraufkommen – im Jahr 2013 zum Beispiel mit 160 Millionen Euro.

Aus einer Statistik der EKD[15] geht hervor, dass im Jahr 2019 mit insgesamt 5.948,2 Millionen Euro die Kirchensteuer die wichtigste Ertragsquelle zur eigenen Finanzierung war.

Der Durchschnittsbeitrag eines Kirchenmitgliedes wird in eben dieser Statistik mit 281,36 Euro jährlich beziffert. Die Höhe ist abhängig von der gezahlten Einkommensteuer eines Mitglieds. In Baden-Württemberg und Bayern beträgt die Kirchensteuer 8 % der Einkommensteuer, in den anderen Bundesländern 9 %.

Interessant ist der Blick über Deutschland hinaus. In keinem anderen Land gibt es solch ein Kirchensteuersystem. Ein ähnliches gibt es in Schweden und Finnland, da heißt es „Kirchenbeitrag".

In Italien gibt es eine sog. Kirchen oder Kultursteuer, die 0,8 % der Bruttoeinkommensteuer beträgt. Der Zahlende kann entscheiden, ob dieses Geld der Kirche oder einer anderen sozialen oder kulturellen Einrichtung zu Gute kommen soll. Gleiches gilt z.B. in Spanien.

In Belgien und Griechenland werden die Pfarrpersonen wie Beamte vom Staat bezahlt. In einigen Ländern bekommen die Kirchen Zuschüsse vom Staat. Ansonsten sind die Kirchen auf Spenden ihrer Mitglieder angewiesen.

---

15 https://www.ekd.de/statistik-kirchensteuer-44297.htm

In den USA ist eine Kirchensteuer gesetzlich verboten. Weltweit gesehen sind die meisten Kirchengemeinden auf Beiträge und direkte finanzielle Unterstützung ihrer Mitglieder angewiesen, um sich zu finanzieren.

VERLAUFSPLAN

Phase	**Inhalt**	**Medien**
Vorbereitung/ Aufgabenstellung aus der letzten Sitzung	Aufgabe zu Mt 25,15-30. Konfis bekommen 10 Euro und sollen bis zur nächsten Sitzung das Bestmögliche damit für die Gemeinde herausholen.	Bibeltext Geld
Beginn/Andacht Einstieg ins Thema	Auswertung der Aufgabe / des Versuchs vom letzten Treffen	
Überblick/ Information 1	Wofür gibt die Kirche ihr Geld aus?	AB 1
Überblick/ Information 2	Woher bekommt die Kirche ihr Geld?	AB 2
Überblick/ Information 3	System Kirchensteuer in Deutschland und in der Welt	AB 3
Übergang	Fragen zum eigenen Umgang mit Geld	
Versuch/Spiel	Wie viel Geld gibst du ab?	
Reflexion/ Auswertung Ergebnissicherung	Waage – Was kann Geld Schlechtes bewirken? – Was kann Geld Gutes bewirken?	
Abschlussandacht		

AUFGABE

Um in das Thema einzusteigen und um genug Zeit für die Aufgabe zu haben, wird diese den Jugendlichen bereits am Ende des letzten Konfitages mitgegeben.

Zunächst wird die Bibelstelle Matthäus 25,15-30 (Volxbibel)[16] gelesen:

Macht das Beste aus eurem Leben

14 „Noch 'ne Story: Da war so ein Typ von einer Vermögensverwaltungsfirma, der sich mal 'ne Auszeit nehmen wollte. Er organisierte ein Treffen mit allen Angestellten und gab jedem die Order, mit seinem Geld das Bestmögliche anzufangen.

15 Dem Besten der drei Mitarbeiter gab er 500 000 Euro, der zweite bekam 200 000 und der dritte 100 000 Euro. Dann nahm er den nächsten Flieger und verschwand.

16 Der mit den 500 000 Euro arbeitete viel mit dem Geld, machte eine Menge Aktiengeschäfte und konnte den Betrag verdoppeln.

17 Auch der Zweite war recht erfolgreich, er legte seine 200 000 Euro in Immobilien an und konnte ebenfalls alles verdoppeln.

18 Der Dritte aber wollte auf Nummer sicher gehen. Er packte die Kohle noch nicht mal auf sein Sparbuch, er stopfte es in eine Socke in der untersten Schublade vom Klamottenschrank.

19 Nach ein paar Jahren kam der Chef zurück und traf sich mit seinen Angestellten im Büro, um abzurechnen.

20 Der Typ, der 500 000 Euro bekommen hatte, brachte eine Million zurück. Er sagte: ‚Chef, Sie haben mir damals 500 000 Euro gegeben, ich hab noch mal 500 000 draufgelegt.'

21 Da war der Chef natürlich total begeistert und lobte ihn sehr: ‚Sie haben es echt gebracht! Sie sind mit dem Geld sehr gut umgegangen, ich werde Sie befördern. Wenn Sie wollen, kommen Sie heute Abend zu meiner Gartenparty, Sie sind herzlich eingeladen!'

---

16 An dieser Stelle wählen wir die Übertragung der Volxbibel, weil wir sie an einigen Stellen verständlicher für die Jugendlichen finden.

22 Dann kam der mit den 200 000 Euro und legte seinen Bericht vor. Er hatte seine Kohle auch verdoppelt.

23 Da war der Chef echt happy und meinte auch zu ihm: ‚Sie haben es voll gebracht! Sie sind mit dem wenigen Geld gut umgegangen, ich werde Sie auch befördern. Wenn Sie wollen, können Sie heute Abend auch zu meiner Gartenparty kommen, Sie sind herzlich eingeladen!'

24 Dann kam der Dritte mit den 100 000 Euro an die Reihe. ‚Sie sind doch immer so streng und hart drauf', meinte er, ‚und wenn ich mich auch noch so abrackere, am Ende bekommen ja eh Sie den Gewinn.

25 Und ich hatte irgendwie Angst, dass ich das ganze Geld an der Börse in den Sand setzen könnte. Darum hab ich es in meine Socken gesteckt, da war es ganz sicher. Hier haben Sie es zurück!'

26 Da rastete der Chef voll aus: ‚Sie alter Vollidiot! Wenn Sie schon denken, ich will eh nur so viel Geld wie möglich,

27 dann hätten Sie es doch wenigstens aufs Sparbuch legen können! Da hätte es immerhin ein paar Zinsen gebracht.

28 Nehmt ihm sofort das Geld ab und gebt es dem, der eine Million Euro hat.

29 Die nämlich, die das Beste aus ihrem Leben machen und aus den Sachen, die man ihnen gegeben hat, denen kann man auch noch mehr anvertrauen. Die aber mit dem Bisschen, was sie haben, auch noch schluderig umgehen, die werden sogar das noch verlieren.

30 Und diesen Asi, der es zu nichts gebracht hat, den könnt ihr sofort rausschmeißen! Er soll bleiben, wo der Pfeffer wächst, und es wird ihm dort total dreckig gehen in der Dunkelheit ohne Licht.'"

Im Anschluss an die Bibelgeschichte wird den Jugendlichen folgende Aufgabe gestellt:

Wir haben die Bibelgeschichte gehört und was die Menschen in der Geschichte mit dem Geld gemacht haben.

Ihr bekommt jetzt jede*r von uns Geld (10 Euro) mit der Aufgabe, „mit diesem Geld bis zu unserem nächsten Treffen in 4 Wochen für die Gemeinde das Bestmögliche zu machen."

Was und wie ihr das macht, solltet ihr euch gut überlegen. In 4 Wochen wollen wir aber von euch hören, was ihr mit dem Geld gemacht habt und welchen Gewinn ihr für die Gemeinde damit erzielt habt.

Ihr könnt gerne eure Eltern/Familien fragen, ob sie Ideen dazu haben und euch unterstützen wollen.

Wir sind sehr gespannt auf eure Ideen.

ANDACHT ZU BEGINN DES KONFITAGES

Bibeltext: Mt 25,15-30 zur Wiederholung und zum Einstieg in das Thema
Lied: Danke für diesen guten Morgen (EG 334)

AUSWERTUNG DER AUFGABE

Die Aufgabe vom Ende des letzten Konfitages, mit 10 Euro das Bestmögliche für die Gemeinde herauszuholen, wird nun mit den Konfis besprochen.

Was haben die Jugendlichen mit dem Geld gemacht, welche Ideen hatten sie?

Was sagen die anderen Konfis zu den unterschiedlichen Ideen?

Gibt es nun „mehr Geld" als vorher? Oder wurde das Geld in anderer Weise investiert, z.B. ein Eis essen mit einem Freund und ihm vom Konfiunterricht und von Gott erzählen? Auch hier wurde das Geld sinnvoll für die Gemeinde eingesetzt.

Was sagen die Jugendlichen zu diesem Experiment?

ÜBERBLICK / INFORMATION 1

Entweder als PowerPoint-Bild oder als Kopie (AB 1) für jeden Konfi wird dieses Bild den Jugendlichen sichtbar gemacht, und in der Großgruppe wird gemeinsam überlegt, wofür die eigene Kirchengemeinde ihr Geld ausgibt. Es ist gut, bei der eigenen Gemeinde vor Ort zu bleiben und nicht beliebig zu überlegen. Was macht die eigene Gemeinde vor Ort aus, gibt es diakonische Projekte, vielleicht eine Tafel? Gibt es einen eigenen Kindergarten? Die Konfis lernen so die Eigenheiten und die Finanzen der eigenen Gemeinde kennen.

Ein Blick in den Haushalt der Gemeinde lohnt sich an dieser Stelle auch mit den Konfis.

Die Ergebnisse werden in das Bild hineingeschrieben.

ARBEITSBLATT 1

Mögliche Antworten:

- Gehalt Mitarbeiter*innen (Pfarrer*in, Sekretär*innen, Kirchenmusiker*in, Hausmeister*in, Kindergartenmitarbeiter*innen, Küster*in, Katechet*in, Jugendmitarbeiter*in)
- Instandhaltung und Reparatur der Kirche
- Büromaterial/Kirchenmaterial (Kerzen/Gesangbücher …)

- Ausstattung des Gemeindehauses / für laufende Veranstaltungen Essen und Trinken
- Kirchenfeier / Geschenke für Gemeindeglieder – Geburtstag, Weihnachten
- diakonische Projekte
- Spenden
- eigene Kita
- eigener Friedhof

ÜBERBLICK / INFORMATION 2

In einem weiteren Schritt wird an Hand des folgenden Bildes gemeinsam mit den Konfis überlegt, woher die eigene Gemeinde ihr Geld bekommt. Auch hier ist es wieder gut, auf die eigene Gemeinde zu blicken. Gibt es z.B. viel Pachtland oder andere Mieteinnahmen?

Was sind hier die Besonderheiten der Gemeinde? Auch diese Ergebnisse werden wieder in das Bild geschrieben.

Das „System" Kirchensteuer wird mit den Konfis genauer betrachtet

ARBEITSBLATT 2

Es wird gesammelt, was die Konfis denken und an Hintergrundwissen mitbringen. Fehlendes Wissen wird durch Teamer*innen und Pfarrpersonen ergänzt, und Begriffe werden näher erklärt.

Antworten, die auf das Bild geschrieben werden können:
- Kirchensteuer (siehe unten)
- Kollekten
- Kirchgeld
- Spenden
- eigenes Vermögen: eigener Friedhof / Gebühren, Pachteinnahmen, Mieten

ÜBERBLICK / INFORMATION 3

Zum ersten Einblick in das System Kirchensteuer kann man gut den EKBO-Kurzfilm auf YouTube ansehen: „Was passiert eigentlich mit meiner Kirchensteuer“ (4½ Minuten lang). Unterschiedliche kirchliche Mitarbeiter*innen stellen ihre Arbeitsgebiete vor: Seelsorge, diakonische Angebote, Jugendarbeit, Musik u. v. m. und erklären, dass diese Arbeit erst mit Hilfe und durch die Finanzierung der Kirchensteuer stattfinden kann.

https://www.youtube.com/watch?v=N70G9cel_4A

Anschließend wird mit den Jugendlichen genauer über das System „Kirchensteuer“ gesprochen.

Es wird gemeinsam überlegt:
- Wer zahlt überhaupt Kirchensteuer?
- Wie viel zahlt man Kirchensteuer?
- Was machen andere Religionsgemeinschaften, zahlen sie auch Kirchensteuer?

Als Nächstes sollen die Konfis in Kleingruppen über die Frage nachdenken: „Was wäre anders, wenn es keine Kirchensteuer gäbe?“

Sie bekommen dazu ein Arbeitsblatt (AB 3), das ihnen bei dieser Überlegung helfen soll und auf dem sie ihre Antworten stichpunktartig festhalten sollen.

Im Anschluss wird in der Gruppe über ihre Antworten gesprochen.

Wie sieht das Thema „Kirchenfinanzen“ in anderen Ländern aus? Auch dabei lohnt es sich, mit den Konfis ins Gespräch zu kommen, weil Deutschland hier eine Sonderstellung innehat. Kein anderes Land hat solch ein Kirchensteuersystem wie wir in Deutschland.

Hier geben Pfarrperson oder Teamer*innen Hintergrundinformationen, wie es in anderen Ländern geregelt ist, oder die Konfis recherchieren mit ihrem Handy selbst. Unterschiedliche Länder mit unterschiedlichen Systemen sollten betrachtet werden, z. B.:

In USA und Indien ist es verboten, Kirchensteuer zu erheben.

In Belgien und Griechenland werden Pfarrer*innen wie Beamte vom Staat bezahlt.

In Italien und Spanien gibt es eine Kirchen-/ oder Kultursteuer (0,8 %). Der/die Steuerpflichtige kann wählen, für welchen kirchlichen oder kulturellen Zweck er die Spende geben will.

Die unterschiedlichen Systeme werden mit den Konfis betrachtet, und es kann anschließend eine Runde folgen, in der sie ihre eigene Meinung zur Kirchensteuer oder zu den Alternativen sagen können. Was gibt es für alternative Finanzierungsideen, auch mit Blick auf andere Länder, in denen die Kirche ja auch ohne Kirchensteuer gut existiert? Wäre das für unsere Gemeinde denkbar?

ÜBERGANG

Um einen guten Übergang zu gestalten von den allgemeinen kirchlichen Finanzen hin zu dem eigenen Umgang und das eigene Verhältnis zum Geld, werden die Konfis gebeten, sich im Raum auf einer Linie zu platzieren. Die Linie reicht von einem Ende mit „Nein/wenig“ bis hin zum anderen Ende mit „Ja“ und „viel“.

Folgende Beispielfragen könnten den Jugendlichen gestellt werden. Werden bei den Fragen Extrempositionen sichtbar, sollte bei den Jugendlichen nachgefragt werden.

Beispielfragen:
1. Wärst du gerne Millionär?
2. Bekommst du regelmäßig Taschengeld?
3. Arbeitest du für dein Geld, z.B. im Haushalt?
4. Wie wichtig ist dir Geld?
5. Würdest du für Geld ALLES tun?
6. Stimmst du der Aussage zu: „Geld ist Freiheit"?
7. Stimmst du dem Satz zu: „Geld kann negative Seiten im Menschen hervorrufen"?
8. Was denkst du, wie viel verdient die Bundeskanzlerin ca. im Monat? (25.000 Euro)
9. Was denkst du, wie viel verdient ein Lehrer durchschnittlich im Monat? (3800 Euro)
10. Wie viele Millionäre gibt es in Deutschland? (ca. 1,3 Millionen)
11. Redet ihr in deiner Familie oft über Geld?

VERSUCH/SPIEL

Im folgenden Spiel denken die Jugendlichen darüber nach, was Geld für eine Macht über uns und unser Verhältnis zu unseren Mitmenschen haben kann.

Dafür wird die Gruppe in zwei Gruppen aufgeteilt. Beide Gruppen gehen in unterschiedliche Räume, sind somit voneinander getrennt. Beide bekommen die gleichen Aufgaben, aber wissen nicht, dass die andere Gruppe die gleichen Aufgaben bekommt.

Die Aufgabe, die den Gruppen gestellt wird, lautet:
„Stell dir vor, du gehst mit deinem Freund die Straße entlang. Plötzlich findest du 100 Euro. Was machst du? Gibst du deinem Freund etwas davon ab, oder behältst du das Geld für dich?"

Damit auch die etwas schüchternen und ruhigeren Jugendlichen ins Nachdenken kommen, soll zunächst jeder Konfi für sich selbst auf einen kleinen Zettel aufschreiben, wie sie/er das Geld aufteilen würde. Anschließend soll in der Gruppe so lange miteinander geredet und nachgedacht werden, bis sie zu einem einstimmigen Ergebnis gelangen. Es ist gut, wenn es unterschiedliche Meinungen unter den Jugendlichen gibt. So wird miteinander nachgedacht, und auch die eigene Meinung zu Geld wird hier den einzelnen Konfis deutlich. Sie erkennen: Andere denken möglicherweise anders als ich.

Hat sich die Gruppe auf eine Verteilung geeinigt, was sie mit dem Geld macht, wird diese Antwort in die andere Gruppe gegeben.[17]

In den Gruppen soll darüber gesprochen werden, wie sie, nun in der Rolle des Freundes, mit dem Ergebnis der anderen Gruppe umgehen.

Die Aufgabenstellung lautet nun:
„Du hast gesehen, dass dein Freund 100 Euro auf der Straße gefunden hat. Er war schneller als du und hat das Geld aufgehoben. Er gibt dir (Ergebnis der anderen Gruppe hier einsetzen) davon ab.
Wie fühlst du dich? Was denkst du?"

In der Gruppe sollte nun besprochen werden, wie sich die Jugendlichen mit diesem Ergebnis in der Rolle des Freundes fühlen. Haben die Gruppen unterschiedliche Ergebnisse? Wie fühlt sich das an? Auch darüber wird hier gesprochen.

Anschließend treffen sich die Jugendlichen in der Großgruppe wieder und sprechen über das Erlebte. Sie erkennen, dass es unterschiedliche Ansichten zum Thema Geld und Teilen gibt und dass Geld u. U. auch Freundschaften zerstören kann, wenn die eine Person zum Beispiel gar nichts von dem gefundenen Geld abgibt und die andere Person ihr das sehr übel nimmt.

Andererseits könnte es eine Freundschaft auch stärken, wenn ge-

---

17 Auch die Verteilung 100:0 oder 0:0 ist möglich.

teilt wird oder wenn gemeinsam etwas mit dem Geld unternommen wird.

ERGEBNISSICHERUNG

An diesem Konfitag wurde auf unterschiedliche Art und Weise auf das Thema Kirchenfinanzen und auf das eigene Verhältnis und den eigenen Umgang mit Geld geschaut.

Wie bei den meisten anderen Themen in diesem Buch wollen wir den Konfis keine fertigen und allgemeingültigen Antworten geben, so auch nicht beim Thema Geld.

Biblisch und theologisch ist hier auch keine eindeutige Antwort zu erkennen. Wichtig ist uns, dass die Jugendlichen in Ansätzen wissen, wie sich eine Kirchengemeinde finanziert, dass sie über ihren eigenen Umgang mit Geld nachdenken und dass sie erkennen, dass Geld zum Guten und zum Schlechten verwendet werden kann, z.B. Kauf von Waffen oder Spenden für karitative Zwecke. Geld kann gute und schlechte Seiten im Menschen hervorrufen, z. B. Habgier oder Freigiebigkeit. Hier soll sowohl individuell als auch gesellschaftlich gedacht werden.

Das sollen die Konfis zum Abschluss noch einmal zusammenfassend grafisch illustrieren.

Unten stehendes Bild der Waage wird groß auf Pappe ausgedruckt. Die Konfis bekommen kleine Zettel (gelb für „Schlechtes“ und lila farbenes Papier für „Gutes“).

Dazu die Aufgabe, dass jeder Konfi mindestens 2 Sachen/Eigenschaften aufschreiben soll, wie Geld Gutes oder Schlechtes bewirken kann, oder Eigenschaften, die damit zu verbinden sind. Zur Aufgabe gehört auch, dass man, entsprechend dem Schlechtem, das man auf die Waage legt, Gutes zum Ausgleich hinzufügt und umgekehrt.

Folgende Beispiele könnten von den Jugendlichen auf die Waage gelegt werden.

„Gutes"	**„Schlechtes"**
Spenden, Freiheit, Wunscherfüllung, Leben ist leichter, mehr Spaß, mehr Möglichkeiten, anderen Menschen helfen, Gutes tun	Habgier, Egoismus, Finanzierung von Waffen und Drogengeschäften

3) FÜR ZEITSPARER

ARBEITSBLATT 3

WAS WÄRE ANDERS, WENN ES KEINE KIRCHENSTEUER GÄBE?

1) Was würde das für meine Gemeinde vor Ort bedeuten?

Mögliche Antworten: wesentlich weniger Geld, kleine Gemeinden könnten wohl nicht überleben und müssten sich anderen, größeren Gemeinden anschließen. Es müsste wesentlich mehr aufs Geld geachtet und Entscheidungen auf Grund von Finanzen getroffen werden. Kasualien und andere kirchliche Dienstleistungen hätten höhere Preise, die Gemeinde kann nicht mehr alle Angebote aufrechterhalten, wo setzen wir Prioritäten?

2) Was würde das für die einzelnen Christen bedeuten?

Mögliche Antworten: Ich bin als Einzelner für meine Gemeinde verantwortlich. Wenn mir meine Gemeinde vor Ort wichtig ist, muss ich entweder mehr Geld zahlen oder anderweitig mitarbeiten, um die Gemeinde zu unterstützen. Ich kann mir meine Gemeinde selbst suchen. Da ich sie selber mitfinanziere, suche ich eine Gemeinde, die zu mir passt und die ich finanzieren will.

3) Was fallen dir für andere Ideen ein (außer Kirchensteuer), um Geld für die Gemeinde zu bekommen?

APOKALYPSE UND WELT-UNTERGANG

„VON DEM TAG ABER UND DER STUNDE WEISS NIEMAND“

AUF EINEN BLICK

Apokalyptische Vorstellungen spielen und spielten in vielen Kulturen und zu allen Zeiten eine Rolle.

Das Ende der Welt ist bereits oft vorhergesagt worden. So z. B. nach dem Mayakalender für den 21.12.2012, Nostradamus berechnete es für das Jahr 1999 die Zeugen Jehovas für das Jahr 1914, als es ausblieb für das Jahr 1918, dann 1925 und schließlich 1975.

Die Vorstellung, dass die Welt einst – oder auch bald – untergehen könnte, lässt sich nicht zuletzt auch aus der Bibel herauslesen. So gibt es im letzten Buch der Bibel, der Offenbarung des Johannes, detailreiche Erzählungen vom Ende der Welt. Eine letzte Schlacht des Guten gegen das Böse. Die Welt wird mit schrecklichen Ereignissen zugrunde gehen. Der große Tag der Apokalypse kündigt sich durch viele Zeichen an. Nach Off 8,7ff kommt *„Feuer und Hagel, mit Blut vermengt, und wurde auf die Erde geschleudert. Der dritte Teil der Bäume verbrannte, und alles grüne Gras verbrannte (…) der dritte Teil der Geschöpfe im Meer starb (…) und es fiel ein großer Stern vom Himmel und brannte (…)*

und viele Menschen starben (...) und der dritte Teil des Mondes und der Sonne und der Sterne wurde verfinstert (...)“

Wir lesen von Katastrophen, Unruhen, blutrünstigen Herrschern, einem Endkampf zwischen Gut und Böse und einem Endgericht. Ganz am Ende der Offenbarung (ab Kapitel 21) herrscht plötzlich ein anderes Bild vor, hier steht die Vision eines neuen Himmels und einer neuen Erde. Nach dem schrecklich dargestellten Ende dieser Welt geht es also weiter!

Dieser Aspekt wird oftmals nicht erwähnt.

Am Ende sind das Böse, das Leid und der Tod besiegt und eine bessere Welt ist entstanden. Eine Welt, in der Gott bei den Menschen ist. Am Ende trägt er den Sieg davon. Diese Hoffnung hat Christen über Jahrtausende getragen und trägt sie noch. Zum Beispiel bei Beerdigungen. Wir warten auf eine Welt, die wir nicht fürchten, sondern erhoffen dürfen! Für dieses Reich, diese Welt beten wir jeden Sonntag in den Kirchen „dein Reich komme“.

Aber die düsteren Seiten und Bilder der Apokalypse ziehen Menschen natürlich magisch in ihren Bann. Gerade in unsicheren Zeiten, in Krisenzeiten, finden Menschen sich in diesen Bildern wieder und wähnen sich am Ende der Welt.

Die US-amerikanische Bücherserie „Left Behind“ und der gleichnamige Film, der in dieser Einheit mit den Jugendlichen angeschaut wird, ist ein Beispiel dafür. Das Denken des Films fußt auf dem Denken des Dispensationalismus. In vielen Hollywoodfilmen[18] finden wir diese düsteren, apokalyptischen Schreckensszenarien. Es ist wichtig, diese Motive mit den Jugendlichen einzuordnen und zu bewerten. Würde man diese Bilder einfach unkommentiert stehen lassen, würde das lebensfeindliche Gerichtsdenken in den Köpfen der Jugendlichen verfestigt, und gerade das ist biblisch nicht belegbar. Im Gegenteil: Die biblische Verkündigung setzt Trost und Hoffnung an das Ende und nicht Schrecken, Tod und Untergang.

---

18 Z. B.: 2012, The day after tomorrow, Die Tribute von Panem, Wall-E, 12 Monkeys, Children of men ...

Der Dispensationalismus ist eine Form der Bibelauslegung[19], die mit einer bestimmten Form der Lehre von der Endzeit verknüpft wurde. Diese wird oft als Grundlage für apokalyptische Schreckensszenarien genommen, die besonders von konservativen und evangelikalen Strömungen verkündet werden und überdies in vielen Hollywoodfilmen wiederzufinden sind.

Um 1830 im Zuge der Brüderbewegung (Plymouth Brethern) wurde diese Strömung maßgeblich von John Nelson Darby (1800–1882) entwickelt. Die Welt- und Heilsgeschichte wird im Dispensationalismus in verschiedene Epochen (Dispensions) unterteilt, in denen Gott die unterschiedlichen Phasen seines Heilsplans ausführt.

Der Dispensationalismus umfasst viel mehr Aspekte, als hier dargestellt werden. Wir beschränken uns im Folgenden nur auf ein Teilstück der Apokalypse, und auch das nicht im vollen Umfang.

Es wird eine 1000-jährige Herrschaft Jesu Christi über die Erde gelehrt. Dieser geht eine große Trübsalzeit voraus, in der der Antichrist über die Erde herrscht. Christen werden vor, während und nach der Trübsalzeit von der Erde entrückt.[20]

Hinweis: Wenn man alles, was hier beschrieben wird, macht, dauert diese Einheit länger als ein „normaler" Konfitag. Es lohnt sich, diese Einheit an einem Konfiwochenende durchzuführen.

---

19 Die Bibel wird wörtlich verstanden, sie entstand durch Verbalinspiration und ist irrtumsfrei gültig.

20 Vgl. dazu I. Kor 15,23,51–52; Lk 17,34–36; I Thess 4,16.

VERLAUFSPLAN

Phase	Inhalt	Medien
Beginn	Andacht	
Einstieg ins Thema	Apokalyptische Bilder und Vorwissen der Jugendlichen	Bilder
Erklärung und Überleitung 1	Offenbarung des Johannes	Vorlage und Dürer-Bilder
Vertiefung	Mit den Jugendlichen wird der apokalyptische Film „Left behind“ geguckt	Film „Left behind“
	Gespräch über den Film	
Überleitung 2	Song „Jerusalema“	Song
Kreativteil	„Tape Art“ Gestaltung der Sätze aus Off 21,3.4	Tapebänder, meditative Musik
Schlussandacht	Jes 65,17–25	

ANDACHT

Bibeltext: Daniel 12,1–11 (Anfangsandacht)
Abschlussandacht: Jesaja 65,17–25
Lieder:
- Es wird sein in den letzten Tagen (EG 428)
- My Lord, what a morning
- Hosanna (I see the King of Glory) Feiert Jesus 4, 49

Da das Thema Apokalypse oft sehr bildgewaltig dargestellt wird, gestalten wir den Einstieg in das Thema ebenfalls mit Hilfe von Bildern.[21] Unterschiedliche Bilder von apokalyptischen Vorstellungen werden ausgelegt. Die Jugendlichen sollen beschreiben, was sie sehen können.

Über die Bilder hinaus werden die Jugendlichen gefragt, welche apokalyptischen Endzeitvorstellungen sie aus Filmen, Büchern oder Computerspielen kennen. Bei den meisten Endzeitvorstellungen dieser Art liegt eine düstere Zukunft vor der Menschheit, die Welt ist in Trümmern, und lediglich ein paar Auserwählte überleben und kämpfen ums weitere Überleben.

ERKLÄRUNG UND ÜBERLEITUNG 1

Den Jugendlichen wird nun erklärt, dass dieses apokalyptische Denken oftmals auf biblischen Vorstellungen des Weltendes beruht, zumindest auf Teilen von diesem. Vor allem das letzte Buch der Bibel, die Offenbarung des Johannes, beschreibt das Ende der Welt sehr bildgewaltig und in großen Teilen erschreckend.

Da das Buch der Offenbarung sehr verwirrend sein kann, wird den Konfis an Hand von Dürers Bildern der Grobablauf erklärt. Dieser wird mit einigen der 15 Holzschnitte[22] von Albrecht Dürer visualisiert. Diese Holzschnitte wurden 1498 veröffentlicht (Die heimliche offenbarung johannis). Die Bilder werden für alle sichtbar gemacht (Power Point) und Pfarrer oder Teamer erklären mit folgendem Text den Ablauf der Ereignisse, wie sie in der Offenbarung des Johannes geschildert werden.

---

21 Viele düstere, apokalyptische Zukunftsvisionen sind im Internet zu finden.

22 Bilder entnommen von: https://www.johannesoffenbarung.ch/bilderzyklen/duerer.php

Einleitung

Das letzte Buch der Bibel ist die „Offenbarung des Johannes“, auch Apokalypse genannt.
Johannes hatte Visionen vom Ende der Welt, und diese hat er hier aufgeschrieben.
Johannes schrieb die Offenbarung um das Jahr 100 n. Chr. In dieser Zeit wurden die Christen verfolgt und getötet.
Kaiser Domitian herrschte im Römischen Reich und ließ sich selbst als Gott verehren und anbeten. Wer ihm nicht gehorchte, wurde getötet. Die frühen Christen hatten damit das Problem, dass sie eigentlich nur Gott anbeten wollten und durften, so wie es im 1. Gebot steht. Das brachte sie in eine gefährliche Lage.
In diese Zeit hinein schrieb nun Johannes das Buch der Offenbarung. Es soll ein Trostbuch sein für die Verfolgten der damaligen Zeit, ein Widerstandsbuch, dass auffordert durchzuhalten, bis diese Welt mit ihren Herrschern und Gegnern der Christen bald vorbei ist und Gottes Herrschaft und Gottes neue Welt beginnt.
Die damaligen Machthaber werden mit dem Namen „Babylon“ betitelt, und es folgt eine lange und ausführliche Schilderung, wie die Erde zugrunde geht, wie Babylon und der Satan besiegt werden und wie am Ende Gottes Reich herrscht, das neue Jerusalem.

Bild: Offenbarung 4–5
Das Himmelstor öffnet sich vor Johannes

Johannes sieht Gott auf dem Thron sitzen, um ihn herum weitere 24 Throne mit 24 Ältesten, Fackeln und geflügelte Lebewesen (Kapitel 4).
Vor dem Thron kniet Johannes.
Noch sieht es auf der Erde friedlich aus.
Das Lamm kniet am Schoß des Vaters und bekommt eine Buchrolle.
Diese ist versiegelt mit 7 Siegeln.
Das Lamm öffnet diese Siegel, und die Schreckensszenarien auf der Erde beginnen.

Bild: Offenbarung 6,1–8
Die vier apokalyptischen Reiter

Mit dem Öffnen der Siegel 1–4 (Kapitel 6–8) kommen die 4 apokalyptischen Reiter auf die Erde. Sie bringen Bogen, Schwert, Waage und Tod.

Bild: Offenbarung 8.9,1–12
Die sieben Engel mit den Posaunen

Das Öffnen der Siegel 5–7 (Kapitel 6–8) bringt zunächst die Seelen der verstorbenen Märtyrer zurück, die ein Gericht verlangen. Anschließend und folgen ein Erdbeben und Erscheinungen am Himmel. Menschen werden gekennzeichnet und auserwählt.
Nach einer Stille kommen 7 Engel mit 7 Posaunen (Kapitel 8). Sie sind auf diesem Bild mit den Posaunen zu sehen.
Die Posaunen bringen: Hagel und Feuer mit Blut vermengt, Berge fallen ins Meer und 1/3 der Lebewesen im Meer stirbt, Steine fallen in die Flüsse und 1/3 der Menschen stirbt. Sonne, Mond und Sterne verlieren ihre Leuchtkraft.

Bild: Offenbarung 9,13–21
Sechste Posaune, der Engelkampf

Die Posaunen 5–7 beschreiben, wie der Abgrund geöffnet wird und Heuschrecken herauskommen, die diejenigen Menschen quälen, die nicht gekennzeichnet sind. Engel werden losgebunden und töten 1/3 der Menschheit. Schließlich wird der Tempel Gottes geöffnet, und Erdbeben und Hagel kommen.

Bild: Offenbarung 12,1–5.13–17
Das Sonnenweib und der Drache

In den Kapiteln 12–14 der Offenbarung wird der Kampf Satans gegen das Volk Gottes in unterschiedlichen und rätselhaften Bildern dargestellt. Hier sehen wir z. B. eine gebärende Frau (als Sonne) und einen Drachen mit 7 Köpfen.

Bild: Offenbarung 12,7–12
Erzengel Michael bekämpft den Drachen

Der Engel Michael kämpft gegen diesen Drachen.
Das furchtbare Tier mit den 7 Köpfen bekommt 42 Monate lang Macht über die Völker (Kapitel 12–14).

Bild: Offenbarung 7,9–17
Heilige und Älteste vor dem Thron Gottes

Das Lamm (Christus) ist auf dem Berg Zion. Bei ihm sind die auserwählten 144.000 Menschen, die ihn anbeten.
Es folgt das Jüngste Gericht, die Bestrafung derer, die das Tier angebetet haben.
Dann wird von 7 Schalen des Zorns berichtet, die noch einmal viele tödliche Naturereignisse mit sich bringen.
Schließlich der Untergang Babylons und der Retter und Sieger auf einem weißen Pferd (Christus).

Bild: Offenbarung 20,1–3.21,9–11
Satan gefesselt, neues Jerusalem

Das 1000-jährige Reich kommt. Der Satan wird für 1000 Jahre gefesselt, anschließend wird er freigelassen, und ein letzter Kampf zwischen Gut und Böse findet statt.

Am Ende steht das Weltgericht. Erde und Himmel verschwinden, die Toten stehen auf und werden gerichtet.

In Kapitel 21 wird die neue Stadt, das neue Jerusalem beschrieben: die neue Welt Gottes. Gott ist bei den Menschen, und es gibt kein Leid, kein Geschrei und keinen Tod mehr.

Auf diesem Bild sind die Tore zu dieser neuen Stadt, dem neuen Jerusalem, bereits zu sehen.

Im Anschluss an diesen Überblick sollte der Raum gegeben werden für mögliche Nachfragen der Jugendlichen. Anschließend wird darauf hingewiesen, dass das Denken und die Bilder der Apokalypse viele Menschen in den vergangenen 2000 Jahren dazu motiviert haben, diese biblischen Ereignisse auf die eigenen zeitgeschichtlichen Umstände zu beziehen. Manche Menschen meinen und meinten sogar, auf Grundlage der Bibel einen genauen zeitlichen Ablaufplan der Ereignisse erstellen zu können und das Ende der Welt zu berechnen.

Von diesen Gedanken wiederum wurden Autoren, Computerspielhersteller und Hollywoodfilme beeinflusst, die dieses Denken umsetzten und weiterführten. Von den wirklich biblischen Aussagen bleibt hier oftmals nicht viel übrig.

Wie dieses Denken nun in Filmen umgesetzt wurde, schauen wir heute mit euch an einem Beispiel an, nämlich an dem Film „Left Behind".

Er zeigt den Anfang der Endzeit, nämlich die sog. Entrückung.

VERTIEFUNG

Hintergrundinformationen zum Film „Left behind"

In den Jahren 1995–2007 veröffentlichten der amerikanische, evangelikale Baptistenprediger Tim LaHaye und Jerry B. Jenkins eine Romanserie „Left behind", die sich mit der Entrückung und den daran anschließenden Ereignissen befasst.

Diese Bücherreihe wurde sehr erfolgreich, wenn auch nicht ohne Kritik. Vor allem die populistische Entrückungslehre (Dispensationalismus) und ihre einseitig negative, weltabgewandte Form der Eschatologie wurde stark kritisiert.

Der amerikanische Film „Left Behind" von 2014, mit Nicolas Cage in der Hauptrolle, stützt sich auf diese Bücher und verfilmt deren Beginn.

An einer Familie wird exemplarisch gezeigt, was in dem Moment der Entrückung passiert. Auf einen Schlag verschwinden Menschen. Keiner weiß zunächst, was passiert ist, bis im Laufe des Films klar wird, dass dies die erste Entrückung war. Alle Kinder sind entrückt worden und alle Gläubigen. Der Film endet damit, dass die Welt in Flammen steht und Nicolas Cage (als Vater und Flugkapitän in dem Film) mit seiner erwachsenen Tochter feststellt, dass dies erst der Anfang ist.

Das Thema Apokalypse zieht Menschen in ihren Bann, und auch die negativen Szenarien sind beliebt, vor allem bei den Hollywoodfilmen (erinnert sei an andere apokalyptische Filme, z. B.: „2012", „The day after tomorrow", „I am Legend", „The book of Eli").

Jugendliche kommen in Kontakt mit apokalyptischen Filmen. Dann ist es gut, wenn sie sie einordnen können und nicht vor ihrer Aussage erschrecken und diese für wahr halten.

ÜBERLEITUNG

Nach einer Pause wird der Blick von der düsteren Seite der Apokalypse hin zur Verheißung gelenkt, die am Ende der Apokalypse steht.

Der Übergang geschieht durch ein Lied. Hier haben wir ein (2020) sehr bekanntes und beliebtes Lied ausgewählt.

JERUSALEMA

Dieses Lied kann gleichzeitig mit einem Tanz verbunden werden *(https://www.youtube.com/watch?v=QJgwF_9cl1M)*. Der Tanz findet sich im Musikvideo und ist mit etwas Übung für Jugendliche gut zu schaffen.

Gibt es in der Konfigruppe Teamer, die gerne tanzen, können sie eine kleine Choreografie mit den Konfis zu dem Lied einstudieren. Das böte zudem Bewegung, was an diesem Konfitag etwas zu kurz kommt.

Das Lied „Jerusalema" von dem südafrikanischen DJ Master KD featuring Nomcebo ist 2019 erstmals im Internet erschienen und führte 2020 zu einem Hype in den sozialen Medien mit verschiedenen Dance Flashmobs und Ähnlichem (#JerusalemaDanceChallenge).

Der Text ist auf Zulu geschrieben und gesungen, einer der 11 Amtssprachen in Südafrika. Übersetzt bedeutet es so viel wie:

„Jerusalem ist meine Heimat, schütze mich, begleite mich, lass mich hier nicht zurück.

Mein Platz ist nicht hier. Mein Königreich ist nicht hier. Schütze mich …"

Dieser Text wird immer wieder wiederholt. In diesem Lied wird um Gottes Schutz gebeten, und es wird das Bild aus Off 21 vom neuen Jerusalem genommen.

KREATIVTEIL

Genau mit diesem Bild, dem neuen Jerusalem, beschäftigen wir uns im abschließenden Kreativteil.

Da der Film sehr starke, erschreckende Bilder bei den Jugendlichen hinterlassen kann, ist es wichtig, am Ende dieses Konfitages den Konfis einen positiven Gedanken mitzugeben.

Die positive Wendung ist biblisch begründet. Am Ende der Offenbarung ab Kapitel 21 ist vom neuen Jerusalem die Rede. Die Verse 1–7 aus diesem Kapitel werden oft als Trost- und Hoffnungsworte bei Beerdigungen oder Ewigkeitssonntagen verwendet.

Mit eben diesen Worten wollen wir nun, gemeinsam mit den Jugendlichen, dieses Kapitel beenden.

Damit sie diese Worte möglichst lange in Erinnerung behalten und auch damit das Ergebnis dieses Teils in dem kommenden Gottesdienst (Ewigkeitssonntag) der Gemeinde gezeigt werden kann, sollen die Jugendlichen die Worte künstlerisch in Tape Art gestalten.

Diese Technik dürfte den meisten Jugendlichen noch unbekannt sein. Sie bietet für die Jugendarbeit viele Möglichkeiten:

Exkurs: TAPE ART:[23]

Diese farbenfrohe Kunstrichtung entwickelte sich seit den 1960er Jahren als Alternative zu Graffitikunst.

Die Tape Art-Technik kann man unkompliziert, schnell und einfach durchführen, ohne weitere Schutzmaßnahmen. Mit bunten Klebebändern werden Mauern oder andere Flächen künstlerisch ge-

---

23 Hier lohnt es sich, im Vorfeld oder mit den Konfis gemeinsam ein YouTube-Tutorial zum Thema und zur Durchführung von Tape Art zu gucken, z. B.: https://www.youtube.com/watch?v=zYR7UooeH4A

staltet. Hierbei werden Klebebänder mit unterschiedlicher Farbe, Struktur und Form verwendet.

Die Jugendlichen bekommen nun die Aufgabe, auf einer großen Plastikplane (4×4 Meter), die auf dem Boden ausliegt, die Worte aus Offenbarung 21 künstlerisch zu gestalten.

„Es gibt einen neuen Himmel und eine neue Erde.

Gott ist da. Gott wischt alle unsere Tränen ab.

Leid und Schmerzen wird es nicht mehr geben. Es gibt keinen Tod mehr!"

Die Jugendlichen können entweder den Text mit den farbigen Klebebändern auf die große Plane kleben oder den Text als Bild gestalten oder versuchen, Text und Bild zusammenzubekommen.

Es ist eine schwierige Aufgabe, die Zeit erfordert. Zunächst muss die Gruppe sich auf eine Idee einigen und eine Skizze anfertigen. Dann kommt die Gestaltung. Einige Jugendliche reißen die Tape Art-Bänder, andere Jugendliche gestalten das Bild.

Phantasie und Teamwork sind hier von den Jugendlichen gefordert.

Die Einheit wird abgeschlossen mit einer gemeinsamen Abschlussandacht, in der das große Tape Art Kunstwerk zu sehen ist und der biblische Text: Jesaja 65,17–25 gelesen wird.

GOTT LIEBT MICH SO, WIE ICH BIN

„ICH DANKE DIR DAFÜR, DASS ICH WUNDERBAR GEMACHT BIN“

In Deutschland konnten sich um das Jahr 2000 herum die ersten gleichgeschlechtlichen Paare in evangelischen Kirchen segnen lassen.[24] Mittlerweile ist dies in allen Landeskirchen möglich, wird allerdings von Region zu Region unterschiedlich gehandhabt. Manche Landeskirchen sprechen von „Trauung für alle“[25], andere von „Segnung gleichgeschlechtlicher Paare“. Die römisch-katholische Kirche lehnt dies weiterhin offiziell ab. Die evangelischen Freikirchen positionieren sich sehr verschieden, von Ablehnung bis Ermöglichung. Evangelische Pfarrer*innen können aus Gewissensgründen ablehnen, einen Traugottesdienst mit gleichgeschlechtlichen Paaren zu feiern.

24 Ende der 1990er Jahre machte die EKiR die Segnung homosexueller Paare möglich. Seit 2002 sind Segnungen von gleichgeschlechtlichen Paaren in der EKHN möglich. Diese beiden Landeskirchen machten den Anfang. – 2013 erfolgte in der EKHN ein weiterer Schritt: Die Gottesdienste zur Segnung von gleichgeschlechtlichen Paaren wurden den traditionellen Trauungen gleichgestellt. Sie werden nun auch in den Kirchenbüchern eingetragen und beurkundet.

25 In Anlehnung an die „Ehe für alle“, die seit 1.10.2017 in der Bundesrepublik Deutschland gilt.

„TRAUUNG FÜR ALLE"

Mit der Entscheidung des Bundestags zur „Ehe für alle" 2017 haben sich alle Landeskirchen dazu positioniert, allerdings durchaus unterschiedlich:

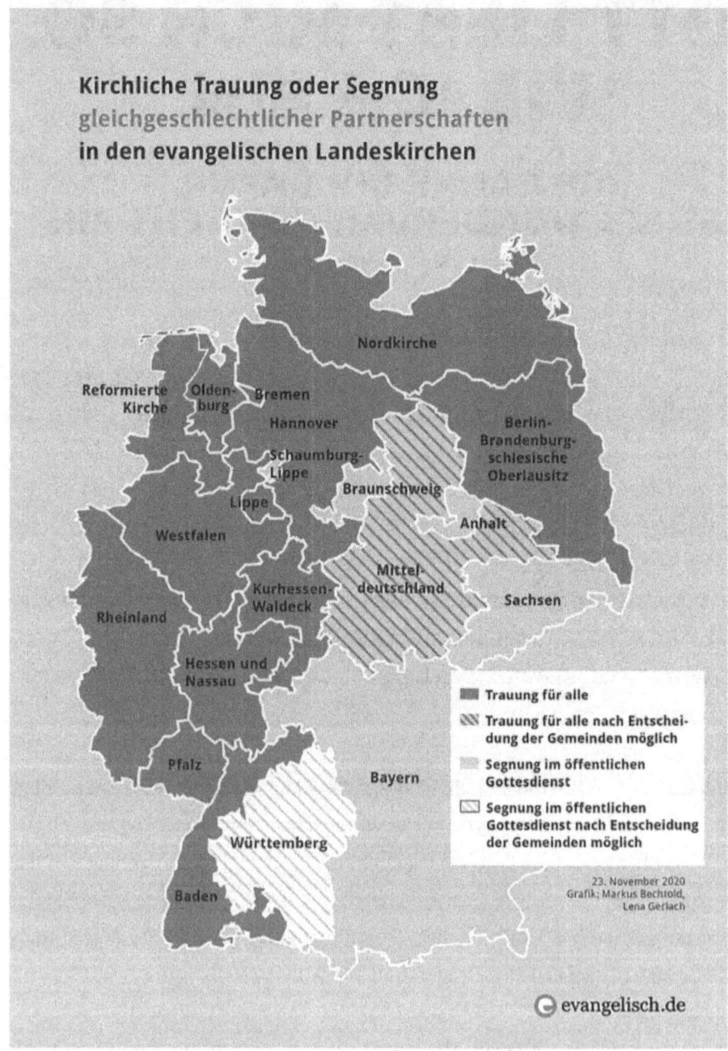

(Karte aus evangelisch.de, Stand Ende 2020)

Theologisch ist weiterhin eine Unkorrektheit zu beklagen: In Deutschland ist eine evangelische Trauung nämlich im engeren Sinne keine *Trauung* (dies meint einen Verwaltungsakt, der geschieht „rein weltlich" auf dem Standesamt), sondern immer eine *Segnung*: Das schon verheiratete Paar erbittent den Segen. Daher ist es evangelischerseits theologisch nicht korrekt, zwischen „Trauung" und „Segnung" für gleichgeschlechtliche Paare zu differenzieren. Gemeint ist dann jeweils in der Regel der liturgische Vollzug: ob die sog. Trau-Fragen gestellt werden, Ringe gewechselt werden, eine Stola geschlungen wird o. Ä. Eigentlich handelt es sich aber immer um einen *„Segnungsgottesdienst anlässlich der standesamtlichen Eheschließung eines Paares"*.

Die biblischen Passagen, nach denen Homosexualität ein Verbrechen ist, das mit Todesstrafe geahndet wird (Lev 18,22 und Lev 20,13), rücken bei diesem Thema immer wieder in den Vordergrund. Auch wenn der generelle biblische Befund zu diesem Thema sehr dünn ist. Wenn überhaupt, ist es eher ein Nebenthema der biblischen Botschaft.

Jesus behandelt das Thema nicht. Paulus wiederum verurteilt gleichgeschlechtliche Beziehungen (Röm 1,27; I Kor 6,9–11).

Weder die Glaubensbekenntnisse noch die Bekenntnisschriften erwähnen das Thema extra.

Die letzten 2000 Jahre waren geprägt von Leugnen und öffentlichem Verbieten gleichgeschlechtlicher Liebesbeziehungen in der Kirche. Erst seit gut 20 Jahren findet hier ein Weiterdenken statt.

Generell lässt sich aktuell kirchenpolitisch sagen, dass es im weltweiten Christentum keine einheitliche Meinung zur Homosexualität gibt. Wegen o. g. Belegstellen lehnen viele christliche Kirchen Homosexualität ab. Sie sind der Meinung, dass gleichgeschlechtliche Sexualbeziehungen dem Willen Gottes widersprächen.

Festzuhalten ist jedoch: Fragen sexueller Praktiken sind kulturelle Fragen und unterliegen geschichtlichen Entwicklungen, sie sind keine ewig gültigen Glaubensfragen.

Die Konfirmandinnen und Konfirmanden befinden sich in ihrem Alter direkt an der Schwelle der Pubertät, einer Zeit, in der sie ihre sexuelle Identität als Teil ihrer gesamten Identität wahrnehmen und entwickeln. „Was gehört alles zur Sexualität? Wer und wie bin ich als sexuell denkender, fühlender und handelnder Mensch? Welche Erfahrungen habe ich mit Sexualität? Wie erlebe ich mich in meinem Geschlecht? Wie darf ich sein, wie muss ich sein?“[26]

Für die Konfis kommt hier noch die theologische Perspektive hinzu. Hat Gott mich so geschaffen, wie ich bin? Liebt Gott mich, so wie ich bin? Ist es erlaubt, anders zu sein, anders zu begehren? Darf ich in der Kirche offen schwul oder lesbisch sein, meine Sexualität ausleben?

LGBTQ-Lebensweisen und -Themen sind den Kindern und Jugendlichen nicht fremd. Manche erkennen sich selbst in diesem Thema wieder oder haben Verwandte oder Freunde und erleben Popstars, die diese Lebensweise leben. Auch wenn es zunehmend sichtbar in den Alltag rückt, sind das Thema und der Umgang bei Jugendlichen häufig mit Scham, Angst und Ausgrenzung verbunden.

Ohne eine vertrauensvolle Arbeitsatmosphäre und eine gut bekannte Gruppe sollte dieses Thema nicht behandelt werden. Es sollte Vertraulichkeit, Freiwilligkeit in den persönlichen Angaben und vor allem Respekt in der Gruppe herrschen.

Dieses Thema anzusprechen und den Jugendlichen bewusst zu machen, ist wichtig; es ist aber darauf zu achten, hieraus kein schweres Problem zu machen, sondern im Gegenteil dies alles mit etwas Schönem, einer guten Gruppenaktivität zu verbinden.

Mit den Konfis wird in dieser Einheit neben einem generellen Zugang zur Thematik theologisch vor allem auf Gottes Liebe zu uns geschaut.

Wir glauben, dass Gott uns so geschaffen hat, wie wir sind, und dass wir genauso von Gott gewollt und geliebt sind. Das wollen wir auch den Jugendlichen mitgeben. Wir wollen keine Ausgrenzung und Abgrenzung fördern, sondern erreichen, dass sich die Jugendlichen alle als von Gott geliebte Geschöpfe ansehen.

Als biblische Belegstelle dazu verwenden wir Psalm 139,1–18.

---

26 Aus: Sexualerziehung. Methoden für die Unterrichtsgestaltung, Sekundarstufe 1, Hg. Landesinstitut für Lehrerbildung und Schulentwicklung (LI), Hamburg 2014 (Download der Broschüre unter: www.li.hamburg.de/vielfalt, S. 9).

2. VERLAUFSPLANUNG

Phase	Inhalt	Medien
Beginn	Andacht	Psalm 139,1-18
Einstieg		Foto / Bild 1
Vertiefung	Arbeit an Stationen	
– Station 1	Begriffsklärung	AB 1 Quiz
– Station 2	Typisch Mann / Typisch Frau	
– Station 3	Was heißt schon „normal"?	AB 2 „Normal"
– Station 4	„Anders Amen"	
– Station 5	Wenn mein bester Freund schwul ist …	
Auswertung		
Gemütliches Beisammensein/ Vorbereiten	– Kochgruppe – Getränkegruppe – Musikgruppe – Chillgruppe	
Gemeinsames Essen		

ANDACHT

Bibeltext: Psalm 139,1–18 – Bibel in gerechter Sprache
Lieder:
- EG 515 Laudato Si
- Anders SJ 82 (allerdings etwas schwieriger)
- Vor dem Essen am Schluss: SJ 62 Kommt wir teilen das Brot am Tisch des Herrn

EINSTIEG

Der Einstieg in das Thema erfolgt unmittelbar über eine Bildbetrachtung (Bild 1). Die Jugendlichen werden gebeten zu sagen, was sie auf dem Bild sehen.

Anschließend wird ihnen fehlendes Hintergrundwissen zu diesem Bild und der Thematik (gleichgeschlechtliche Trauung) gegeben. Dieses geschieht durch gemeinsame Überlegungen und gezielte Fragen.

BEISPIELFRAGEN

- Dürfen homosexuelle Paare in Deutschland standesamtlich heiraten?
- Dürfen homosexuelle Paare in Deutschland kirchlich heiraten?
- Was ist überhaupt eine kirchliche Hochzeit, warum macht man das, wenn man doch schon standesamtlich verheiratet ist?
- Könnt ihr euch vorstellen, dass es für manche Christen ein Problem ist, dass homosexuelle Paare kirchlich heiraten?

BILD 1

Bildquelle: Tagesspiegel 02.07.2017[27]

Im weiteren Verlauf des Vormittags wird die Großgruppe in 5 Untergruppen unterteilt, und diese besuchen rotierend alle 5 Stationen. An jeder Station ist je ein*e Teamer*in oder Pfarrperson anwesend. Die einzelnen Stationen dauern ungefähr 30 Minuten.

STATION 1: BEGRIFFSKLÄRUNG

Gerade jüngeren Konfis sind viele Begrifflichkeiten zu diesem Themengebiet noch nicht bekannt. Um hier spielerisch die Begriffe kennenzulernen, wird folgendes Rätsel gespielt. Je nach Vorwissen der Gruppe kann es einzeln (jeder gegen jede ... und auf Zeit) oder als Gruppe gemeinsam gelöst werden. Für die Begriffserklärung können die Konfis ihr Handy als Hilfe benutzen.

Wenn Begriffe nicht deutlich sind, sollten sie hier erklärt werden.

---

27 https://www.tagesspiegel.de/gesellschaft/queerspiegel/ehe-fuer-alle-ein-pfarrer-erzaehlt-von-lesbischen-und-schwulen-hochzeiten/20007308.html

ARBEITSBLATT 1

KREUZWORTRÄTSEL

Finde Folgende Begriffe und erkläre kurz, was dieser Begriff bedeutet:

1) LGBTQ
(Erklärung: gängige Abkürzung für Lesbian, Gay, Bisexuell, Transgender und Queer)

2) Homophobie
(Erklärung: Angst oder Aversion vor oder gegen homosexuelle Menschen)

3) Queer
(Erklärung: englischer Ausdruck einer sexuellen oder geschlechtlichen Identität, die von der gesellschaftlichen Norm abweicht)

4) Heteronormativität
(Erklärung: Weltanschauung, die die Heterosexualität als soziale Norm definiert)

5) Bisexuell
(Erklärung: Bezeichnung für jemanden, der sowohl das eigene als auch das andere Geschlecht lieben kann)

6) Homosexualität
(Erklärung: gleichgeschlechtliche Liebe)

A	B	I	G	A	Z	W	J	Q	X
S	L	X	N	Y	E	M	K	G	R
E	W	C	R	J	D	A	S	V	U
P	L	L	Ö	Q	A	F	F	D	K
Q	G	Ä	X	J	U	L	C	I	S
S	B	F	H	B	X	E	B	C	H
V	T	W	E	E	D	G	E	F	O
A	Q	A	T	G	H	P	K	R	M
B	I	S	E	X	U	E	L	L	O
I	Y	P	R	B	O	T	D	A	S
H	O	M	O	P	H	O	B	I	E
G	U	I	N	N	Ä	Z	C	M	X
T	O	N	O	M	C	A	S	E	U
M	S	T	R	A	F	M	G	L	A
P	T	Q	M	E	D	N	V	H	L
H	Q	Ä	A	X	B	L	C	G	I
Ä	R	H	T	G	L	Ä	F	A	T
I	I	J	I	V	U	X	S	B	Ä
S	K	T	V	C	K	H	A	M	T
B	H	K	I	T	P	L	S	G	W
Ä	K	Z	T	J	L	M	T	L	T
H	M	G	Ä	R	U	S	Ä	F	Y
O	X	S	T	X	P	Z	V	Q	I
R	I	O	Q	U	D	Y	Z	O	A

A	B	I	G	A	Z	W	J	Q	X
S	L	X	N	Y	E	M	K	G	R
E	W	C	R	J	D	A	S	V	U
P	L	L	Ö	Q	A	F	F	D	K
Q	G	Ä	X	J	U	L	C	I	S
S	B	F	H	B	X	E	B	C	H
V	T	W	E	E	D	G	E	F	O
A	Q	A	T	G	H	P	K	R	M
B	I	S	E	X	U	E	L	L	O
I	Y	P	R	B	O	T	D	A	S
H	O	M	O	P	H	O	B	I	E
G	U	I	N	N	Ä	Z	C	M	X
T	O	N	O	M	C	A	S	E	U
M	S	T	R	A	F	M	G	L	A
P	T	Q	M	E	D	N	V	H	L
H	Q	Ä	A	X	B	L	C	G	I
Ä	R	H	T	G	L	Ä	F	A	T
I	I	J	I	V	U	X	S	B	Ä
S	K	T	V	C	K	H	A	M	T
B	H	K	I	T	P	L	S	G	W
Ä	K	Z	T	J	L	M	T	L	T
H	M	G	Ä	R	U	S	Ä	F	Y
O	X	S	T	X	P	Z	V	Q	I
R	I	O	Q	U	D	Y	Z	O	A

A	B	I	G	A	Z	W	J	Q	X
S	L	X	N	Y	E	M	K	G	R
E	W	C	R	J	D	A	S	V	U
P	L	L	Ö	Q	A	F	F	D	K
Q	G	Ä	X	J	U	L	C	I	S
S	B	F	H	B	X	E	B	C	H
V	T	W	E	E	D	G	E	F	O
A	Q	A	T	G	H	P	K	R	M
B	I	S	E	X	U	E	L	L	O
I	Y	P	R	B	O	T	D	A	S
H	O	M	O	P	H	O	B	I	E
G	U	I	N	N	Ä	Z	C	M	X
T	O	N	O	M	C	A	S	E	U
M	S	T	R	A	F	M	G	L	A
P	T	Q	M	E	D	N	V	H	L
H	Q	Ä	A	X	B	L	C	G	I
Ä	R	H	T	G	L	Ä	F	A	T
I	I	J	I	V	U	X	S	B	Ä
S	K	T	V	C	K	H	A	M	T
B	H	K	I	T	P	L	S	G	W
Ä	K	Z	T	J	L	M	T	L	T
H	M	G	Ä	R	U	S	Ä	F	Y
O	X	S	T	X	P	Z	V	Q	I
R	I	O	Q	U	D	Y	Z	O	A

STATION 2: TYPISCH MANN / TYPISCH FRAU

Dieses Spiel soll den Jugendlichen bewusst machen, dass wir in typisch männlichen und typisch weiblichen Kategorien denken und dass es so etwas wie „typisch Junge" und „typisch Mädchen" gibt, aber dass es ein Klischee ist, das nicht per se verallgemeinert werden kann. Ähnliche Aufgaben sollen sich die Konfis nun untereinander selbst stellen:

Die Jungs stellen den Mädchen eine – ihrer Meinung nach – „typische" Jungsaufgabe.[28] Die Mädchen stellen den Jungs eine – ihrer Meinung nach „typische" – Mädchenaufgabe. [29]

Die Ergebnisse werden anschließend betrachtet. Wie haben sich die Konfis bei diesen Aufgaben gefühlt? Hat es ihnen gefallen, machen sie diese Sachen sowieso schon auch zu Hause? War es etwas völlig Neues? Was gibt es noch für typische Aufgaben für Mädchen/ Jungs und Männer/Frauen? Was fällt den Konfis dazu noch ein, und stimmen dem alle zu?

STATION 3: WAS HEISST SCHON „NORMAL"?[30]

An dieser Station machen sich die Jugendlichen Gedanken zu dem Begriff „normal" in Beziehung zur eigenen Sexualität und zum eigenen Geschlecht.

Der Psalm 139, der schon in der Andacht gelesen wurde, taucht hier noch einmal auf, und alle Jugendlichen bekommen diesen Psalm gemeinsam mit dem Arbeitsblatt (AB 2).

Nachdem die Jugendlichen das Arbeitsblatt für sich ausgefüllt haben, wird gemeinsam in der Gruppe über die Antworten gesprochen. Hier gibt es keine verbindlichen „richtigen" oder „falschen" Antwor-

---

28 Z. B: ein IKEA-Tisch oder -Regal auseinander- und wieder zusammen- bauen.

29 Z. B.: Haare flechten und sich gegenseitig schminken.

30 Vgl. hierzu Webseite des Bildungsserver Berlin Brandenburg für Lehrkräfte, Unterrichtsmaterialen zur sexuellen Vielfalt: https://www.zwischentoene.info/themen/unterrichtseinheit/praesentation/ue/homophobie.html
Aber ergänzt um die Kategorie: Was bedeutet für Gott „normal"?

ten, das soll den Konfis klar werden. Wichtig ist zu erkennen, dass „normal“ nicht für alle das Gleiche bedeutet. Durch den Psalm 139 wird deutlich, dass Gott jeden Menschen so geschaffen und gewollt hat, wie dieser ist. Jeder ist „normal“ und gehört so zu Gottes guter Schöpfung.

ARBEITSBLATT 2

Gibt es „normales“ Jungs- oder Mädchensein?

Was bedeutet „normal“?

Was bedeutet für Gott „normal“? (Psalm 139,1–18)

Was ist, wenn jemand diesen Vorstellungen von „Normalsein“ nicht entspricht?

Wer bestimmt, welche sexuelle Orientierung oder welche geschlechtliche Identität „normal“ ist?

STATION 4: ANDERS AMEN

„Anders Amen“ heißt der YouTube-Kanal von Ellen und Steffi. Sie beschreiben sich selbst auf diesem YouTube-Kanal: „Wir sind lesbisch, miteinander verheiratet und Pastorinnen. Wir haben ein ❤ für queere Menschen. In unseren Vlogs seid ihr mittendrin in unserem Alltag. An der Bar laden wir spannende Gäste auf einen Gin ein. Dabei sprechen wir über aktuelle Themen & Fragen, die euch und uns beschäftigen.“[31]

---

31 Entnommen: https://www.youtube.com/channel/UC8GQAXuJ_DpNg6hu1HHM73w

Mit den Konfis wird nun gemeinsam ein Video der beiden Pastorinnen angesehen. Wir halten Folgendes für sinnvoll, um in das Thema einzusteigen: #1 Warum machen lesbische Pastorinnen YouTube? Talk#1

https://www.youtube.com/watch?v=LMLZoPP4hGE

Anschließend wird in der Gruppe über das kurze Video (Dauer des Videos ca. 8 Minuten) gesprochen. Leitfragen, die sich aus diesem speziellen Video und darüber hinaus ergeben, könnten sein:
- Warum machen Ellen und Steffi einen YouTube-Kanal?
- Was sagen sie über Kirche und queere Lebensweise?
- Wie erlebt ihr diesen Bezug?
- Welche Fragen würdet ihr Ellen und Steffi stellen?

STATION 5

An dieser Station sollen die Konfis zunächst einzeln kurz und schriftlich über folgende Situation nachdenken:

Stell dir vor, deine beste Freundin oder dein bester Freund sagt dir in einem persönlichen Gespräch, dass sie lesbisch, er schwul ist. Wie ist deine Reaktion, was sagst du ihr/ ihm? Schreibe deine Antwort anonym auf einen Zettel.

Anschließend werden die anonymen Antwortzettel eingesammelt und neu verteilt. Die Konfis lesen nun aus ihren fremden Antworten vor und reden anschließend in der Gruppe darüber.

AUSWERTUNG

Nachdem die Konfis alle 5 Stationen erlebt haben, kommen sie in der Großgruppe wieder zusammen und sprechen über ihr Erlebtes. Wie erging es ihnen an diesem Tag, was hat ihnen besonders gut gefallen, was nicht? Haben sie noch Fragen zu dem Thema?

GEMÜTLICHES BEISAMMENSEIN

Dieses Thema mit Jugendlichen zu besprechen, ist wichtig, aber es soll nicht schwer werden. Nachdem der Vormittag sehr intensiv war, ist es gut, den restlichen Teil des Konfitages etwas entspannter anzugehen. Da gerade für die hier entstehenden Fragen die Gruppenstimmung und Beziehung untereinander wichtig ist, weil es sehr persönlich werden kann, haben wir folgende Idee:

Die Gruppe kann sich nach Neigung aufteilen. Alle gemeinsam sollen ein schönes und gemütliches Essen für den Abschluss des Tages vorbereiten. Das Oberthema ist „Liebe geht durch den Magen".

Zur Vorbereitung werden folgende Gruppen benötigt:
1) Kochgruppe
2) Getränkegruppe
3) Musikgruppe
4) Chillgruppe

Die Kochgruppe kocht das Essen. Es gibt unterschiedliche Zutaten in der Küche, und die Gruppe kocht daraus ein leckeres Essen. Es soll aber ein Essen sein, das das Thema dieses Tages irgendwie (z. B. in einem fantasievollen Namen des Gerichtes) widerspiegelt.

Das Gleiche soll die Getränkegruppe machen. Sie bekommt verschiedene Softdrinks und Säfte und soll nun Getränke für die Gruppe mixen, ebenfalls mit Bezug zum Tagesthema.[32]

Die Musikgruppe bekommt die Aufgabe, eine Spotify Playlist mit den 5–10 besten Liebesliedern zu erstellen, die während des Essens im Hintergrund gespielt werden.

---

32 Die Gruppen sollen selber kreativ werden – aber ohne das Thema lächerlich oder peinlich werden zu lassen. Hier sei nur zur Veranschaulichung ein Name für ein Essen genannt, der beispielhaft die Richtung zeigen soll: „Diversity Dessert" – und das könnte dann ein Nachtisch sein.

Die Chillgruppe hat die Aufgabe, für ein gemütliches Ambiente zu sorgen. Sie dekoriert den Gruppenraum zu einem gemütlichen Essensraum um und deckt den Tisch.

Nach dem gemeinsamen Essen schließt dieser Tag mit einer Andacht.

LEBEN OHNE GOTT

„SO IST AUCH EUER GLAUBE VERGEBLICH“

EINLEITUNG

Dieses Kapitel ist anders aufgebaut als die anderen Kapitel in diesem Buch. Es besitzt auch ein anderes Setting. Vielleicht als Abendbesinnung am Lagerfeuer am Ende einer Konfifreizeit oder Ähnlichem.

Jede*r Anwesende bekommt eine Karte. Alle Karten beinhalten Zitate zum Thema Atheismus oder Glauben an Gott. Das ist das Thema dieser Einheit, und dieses wird in Form von Theologisieren mit Jugendlichen näher betrachtet.

Beim Theologisieren mit Jugendlichen wollen wir mit den Konfis über ihre eigenen theologischen Gedanken ins Gespräch kommen. Sie setzen sich mit ihrer eigenen Religiosität auseinander. Die Jugendlichen erleben in ihrem Alltag, dass sie oftmals als gläubige Christen der Minderheit angehören, in der Schule, in Vereinen und unter Freunden. Es kommt auch vor, dass ihr Glaube nicht ernst genommen wird oder sie sogar damit geärgert werden.

Diese Einheit bekommt auch eine seelsorgerische Dimension: Ein Austausch und ein offenes Gespräch über den Glauben an Gott in einer sicheren Atmosphäre werden hier geschaffen. Fragen dürfen gestellt werden, über den eigenen Glauben darf gesprochen werden. Argumente und verschiedene Glaubensaussagen werden gehört, respektiert und gegenseitig abgewogen. So werden die Jugendlichen selbstsicherer in ihren Glaubensvorstellungen und -aussagen.

Wichtig an diesem religionspädagogischen Ansatz des Theologisierens mit Jugendlichen ist die Wertschätzung der Gedanken der Jugendlichen. Genauso wichtig ist es für die Verantwortlichen, sich mit ihren eigenen Glaubensüberzeugungen klar und sichtbar in den Austausch einzubringen und damit die Rolle des Pädagogen zu verlassen.

Zudem sollen auch Impulse zur Weiterentwicklung gesetzt werden; das beinhaltet eine kompetente Gesprächsleitung. Hierfür wird den „Leitenden" zu vielen Karten Hintergrundwissen zur Verfügung gestellt.

Die Grundfrage, die in dieser Einheit von verschiedenen Seiten betrachtet wird, lautet: Gibt es einen Gott?

Das ist wohl die wichtigste Frage im Glauben überhaupt. Auch die Jugendlichen werden sich diese Frage entweder schon selbst gestellt haben oder in irgendeiner Weise damit in Berührung gekommen sein.

Zu dieser Grundfrage haben wir unterschiedliche Statements auf Karten geschrieben. Von Gottesbeweisen über wissenschaftliche Aussagen bis hin zu atheistischen Aussagen zur Nichtexistenz Gottes.

Die Gottesbeweise oder Erklärungen haben wir in einfacherer Sprache verkürzt auf den Karten wiedergegeben.

In der Gesprächsrunde bekommen die Anwesenden nur das Zitat, ohne Hintergrundwissen.

Wir stellen zusätzlich zu diesen Karten Hintergrundinformationen für Teamer/Pfarrpersonen bereit. Wenn über das Statement der Karte kein Gespräch in Gang kommt, kann das Hintergrundwissen eingebracht werden.

Auf einigen Karten geht es um den persönlichen Glauben und persönliche Glaubenserlebnisse, z. B. „Wenn ich an eine gläubige Person denke, fällt mir … ein."

Bei diesen persönlichen Karten ist es gut, wenn ein Teamer oder eine Pfarrperson beginnt, von ihren eigenen Erlebnissen zu erzählen. So fällt es den Jugendlichen leichter, auch persönlich zu sprechen.

Der oder die Erste in der Runde liest sein/ihr Statement vor und sagt als Erste/r etwas dazu. Hier sind bewusst provozierende Statements genommen worden, die verschiedenste Meinungen abbilden.

Die Reihenfolge der Karten ist beliebig.

KARTEN

Karte 1

Es gibt mit an Sicherheit grenzender Wahrscheinlichkeit keinen Gott!

Hintergrundinfo

Im Mai/Juni 2009 ist ein roter Doppeldeckerbus mit der Aufschrift „Es gibt mit an Sicherheit grenzender Wahrscheinlichkeit keinen Gott" durch 24 deutsche Städte gefahren.

Diese Buskampagne hatte Vorläufer in England. Dort wurde sie im Oktober 2008 von der britischen Journalistin Ariane Sherine initiiert. Es sollte eine Werbekampagne sein, die das Bewusstsein über Atheismus fördern sollte und Menschen, die durch evangelikale Glaubensaussagen verunsichert sind, helfen soll, ihre Sorgen zu überwinden.

In Deutschland wurde diese Kampagne unterstützt und getragen vom „Bund für Geistesfreiheit", dem „Internationalen Bund der Konfessionslosen und Atheisten" und der „Giordano Bruno Stiftung".

Man könnte hier mit den Jugendlichen überlegen, ob man als Christ ebenfalls einen Bus durch Städte fahren lassen könnte mit einer christlichen Botschaft. Was fällt den Jugendlichen ein?

Tatsächlich hat die katholische Kirche in Dortmund etwas Vergleichbares gemacht und schickte ebenfalls Busse durch die Stadt:

„Keine Sorge, es gibt einen Gott! Schönen Tag noch." Oder auch: „Und wenn es ihn doch gibt?"

Auch das kann man mit den Jugendlichen hier besprechen. Was halten sie von diesen Aussagen?

Karte 2

„Für den gläubigen Menschen steht Gott am Anfang, für den Wissenschaftler am Ende seiner Überlegungen."
Max Planck

Hintergrundinfo

Max Planck (1858–1943) war ein deutscher Physiker. Er gilt als Begründer der Quantenphysik und bekam 1918 den Nobelpreis.

Er war sein Leben lang ein gläubiger Christ und brachte sich aktiv ins Gemeindeleben ein. Besonders in der zweiten Lebenshälfte interessierte er sich sehr für philosophische Grenzfragen seines physikalischen Weltbildes. Für ihn stand fest, dass die Naturwissenschaft als ein wissenschaftliches Erkennen zu Gott hinführt.

Karte 3

Nur der Zufall reicht nicht aus, um die Entstehung des Lebens zufriedenstellend zu erklären. Das Universum ist lebensfreundlich und zweckmäßig geordnet. Das alles lässt sich nur durch einen Urheber (Gott) erklären.

Hintergrundinfo

Diese vereinfachte Aussage ist vom Denken des Thomas von Aquin (1225-1274) mit seinem Teleologischen Gottesbeweis beeinflusst Der Teleologische Gottesbeweis geht von einer planvollen, zweckmäßigen und geordneten Schöpfung aus. Diese bedarf als letzten Grund einen intelligenten Urheber, einen Schöpfer, einen Gott.

Dieser Sicht der Schöpfung und Weltentstehung stellte Darwin seine Evolutionstheorie entgegen. 1859 veröffentlichte Charles Darwin sein Buch „On the origin of Species by means of natural selection, or the preservation of favoured reces in the struggle for life." Hier beschreibt er die These, dass sich alle Arten in der Natur über Jahrtausende hinweg, aus unterschiedlichen Grundformen heraus, entwickelt haben. Die Veränderungen der Arten ist dabei das Ergebnis natürlicher Auslese und dem Sieg der am besten Angepassten/ Stärksten. Einen intelligenten Urheber braucht er nicht zur Erklärung der Evolution (Entwicklung der Arten).

Seit den 1920er Jahren entwickelte sich gegen die Evolutionstheorie Widerstand, zunächst und besonders in den USA.

Evangelikale Christen stellten der Evolutionstheorie den Kreationismus entgegen, der besagt, dass die Welt und alles Leben auf ihr so entstanden ist, wie es in der biblischen Schöpfungserzählung (Genesis 1) berichtet wird.[33]

Aus dem Denkerkreis des Kreationismus heraus entwickelte sich in den letzten 40 Jahren das sog. „Intelligent Design". Diese Gruppierung richtet sich gegen eine evolutionäre Erklärung der Weltentstehung und will wissenschaftlich erklären und beweisen, dass es eine intelligente Ursache geben muss, um die komplexen und informationsreichen Strukturen der Biologie zu erklären.

---

33 Für weitere Infos vgl. z. B.: Friedrich Schweitzer, Schöpfungsglaube – nur für Kinder? Zum Streit zwischen Evolutionstheorie, Schöpfungsglaube und Kreationismus, Neukirchen-Vluyn 2012.

Karte 4

„Denn nicht Gott schuf den Menschen nach seinem Bilde, wie es in der Bibel heißt, sondern der Mensch schuf (...) Gott nach seinem Bilde."
Ludwig Feuerbach

Hintergrundinfo

Ludwig Feuerbach (1804–1872) war ein deutscher Philosoph, der sich viel mit dem Verhältnis von Religion und Philosophie beschäftigt hat. Er wollte beide eindeutig getrennt wissen (was damals noch nicht der Fall war), damit die Philosophie freier und selbstständiger im Denken werden konnte.

Er bezeichnet die christliche Vorstellung von einem Leben (der Seele) nach dem Tod als egoistischen Wunschtraum. Gott ist eine Erfindung der Menschen, das war seine These!

Karte 5

„Die Religion stützt sich vor allem und hauptsächlich auf die Angst. Teils ist es die Angst vor dem Unbekannten und teils der Wunsch zu fühlen, dass man eine Art großen Bruder hat, der einem in allen Schwierigkeiten und Kämpfen beisteht. Angst ist die Grundlage des Ganzen – Angst vor dem Geheimnisvollen, Angst vor Niederlagen, Angst vor dem Tod."
– Bertrand Russell: Warum ich kein Christ bin

Hintergrundinfo

Bertrand Russell (1872–1970) war ein britischer Philosoph und Mathematiker. In seinem 1927 erschienenen Buch „Warum ich kein Christ bin“ hielt er die Religion, insbesondere das Christentum, für ein Übel, eine „Krankheit, die aus Angst entstanden ist“. Seiner Meinung nach sind die Kirchen der Hauptfeind des moralischen Fortschritts, und er hat die Hoffnung, dass die Religion bald durch die Wissenschaft überwunden wird.

Bekannt ist auch seine Analogie „Russells Teekanne“:

„Im Artikel Is There a God?, in Auftrag gegeben vom Illustrated Magazin im Jahre 1952 (aber letztlich nicht gedruckt), schrieb Russell:

Wenn ich behaupten würde, dass es zwischen Erde und Mars eine Teekanne aus Porzellan gäbe, welche auf einer elliptischen Bahn um die Sonne kreise, so könnte niemand meine Behauptung widerlegen, vorausgesetzt, ich würde vorsichtshalber hinzufügen, dass diese Kanne zu klein sei, um selbst von unseren leistungsfähigsten Teleskopen entdeckt werden zu können. Aber wenn ich nun daher ginge und sagte, da meine Behauptung nicht zu widerlegen sei, sei es eine unerträgliche Anmaßung menschlicher Vernunft, dies zu bezweifeln, dann könnte man zu Recht denken, ich würde Unsinn erzählen. Wenn jedoch in antiken Büchern die Existenz einer solchen Teekanne bekräftigt würde, dies jeden Sonntag als heilige Wahrheit gelehrt und in die Köpfe der Kinder in der Schule eingeimpft würde, dann würde das Anzweifeln ihrer Existenz zu einem Zeichen von Exzentrizität werden. Es würde dem Zweifler, in einem aufgeklärten Zeitalter, die Aufmerksamkeit eines Psychiaters oder, in einem früheren Zeitalter, die Aufmerksamkeit eines Inquisitors einbringen.“[34]

Mit dieser Analogie wollte er veranschaulichen, dass die Beweislast einer Behauptung bei dem liegt, der sie aufstellt, und keinesfalls eine Widerlegungspflicht bei anderen besteht.

---

34 https://athpedia.de/wiki/Russells_Teekanne

Karte 6

„Die Religion ist der Seufzer der bedrängten Kreatur, das Gemüth einer herzlosen Welt, wie sie der Geist geistloser Zustände ist. Sie ist das Opium des Volks."
Karl Marx

Hintergrundinfo

Karl Marx (1818–1883) war ein deutscher Philosoph und Ökonom und gilt auch als ein Mitbegründer des Kommunismus/Marxismus. Wie Feuerbach dachte Marx, dass der Mensch die Religion selber macht. Um das Leiden der Menschen auf der Welt auszuhalten, haben die Menschen die Religion erfunden, die ihnen dabei helfen soll.

Durch die Religion wird die Menschheit unterdrückt, denn das tatsächlich erlebte Leid wird durch die Religion verharmlost und schön geredet (der Mensch auf das Jenseits, den Himmel vertröstet). Somit haben die Menschen keinen Grund mehr, ihre leidvollen Umstände zu ändern.

Religion ist das Opium des Volkes, also ein selbstgewähltes Betäubungsmittel, zur Verschleierung des Elends auf der Welt.[35]

Karte 7

Gott ist tot! Gott bleibt tot! Und wir haben ihn getötet!
F. Nietzsche

---

35 Vgl. hierzu: Ekkehard Starke, Art. Marxismus und Ethik, in: Evangelisches Kirchenlexikon, Bd. 3, Göttingen 1992, Sp. 317–320; darin auch: Jean-Yves Calvez / Ekkehard Starke, Art. Marxismus und Christentum, Sp. 320–328.

Hintergrundinfo

Friedrich Nietzsche (1844–1900), selbst Sohn eines evangelischen Pfarrers, übte heftige Kritik am Christentum seiner Zeit, dem er eine verlogene Doppelmoral vorwarf: „Man muss sich nicht irreführen lassen: ‚richtet nicht!‘ sagen sie, aber sie schicken Alles in die Hölle, was ihnen im Wege steht. Indem sie Gott richten lassen, richten sie selber; indem sie Gott verherrlichen, verherrlichen sie sich.“[36]

Darüber hinaus aber hat seine Kritik an der Religion eine grundsätzliche, philosophische Dimension: Gott als jenseitiger Garant einer metaphysischen Welt- und Wertordnung ist in seinen Augen durch Erkenntnistheorie und Naturwissenschaften beseitigt worden („wir haben ihn getötet“). An seine Stelle tritt der Mensch, der die „Sklavenmoral“ der Religion durchschaut und überwunden hat und seine das Leben bejahenden positiven Werte selbst setzt.[37]

Karte 8

**„Der Glaube ist eines der größten Übel der Welt,
vergleichbar mit dem Pockenvirus,
aber schwerer auszurotten.“[38]
Richard Dawkins**

---

36 Friedrich Nietzsche, Sämtliche Werke, Kritische Studienausgabe Bd. 6, Berlin / New York 2005, S. 220 f.

37 Vgl. zur Einführung: Georg Römpp, Nietzsche leicht gemacht. Eine Einführung in sein Denken, Köln/Weimar/Wien 2013.

38 Zitiert nach: John Lennox: Hat die Wissenschaft Gott begraben? Eine kritische Analyse moderner Denkvoraussetzungen, 5. Auflage Wuppertal 2006, S. 5.

Hintergrundinfo

Richard Dawkins (geb. 1941 in Kenia) ist ein Vertreter des sog. „Neuen Atheismus". Er ist Zoologe, Biologe und Autor. Bekannt wurde er 1971 mit seinem Buch „Das egoistische Gen". Er denkt Religion als ein kulturelles Konstrukt, das sich auf Grund gewisser Eigenschaften schnell verbreitet und in den Köpfen der Menschen festsetzt. Der Glaube ist für ihn nicht beweisbar und völlig irrational.

Er ist Atheist und Mitglied der „Brights Bewegung".

Weitere bekannte Bücher von ihm sind: „Der Gotteswahn" 2008 und „Die Schöpfungslüge" 2009.

Karte 9

„Glauben heißt: Die Unbegreiflichkeit Gottes ein Leben lang aushalten."
Karl Rahner

Hintergrundinfo

Karl Rahner (1904–1984) war ein bedeutender katholischer Theologe. Er lehrte an Universitäten, hielt auf der ganzen Welt Vorträge und bekam viele Auszeichnung und Ehrendoktortitel.

Karte 10 (Persönliche Frage und Antwort)

Wenn ich an eine gläubige Person denke, fällt mir ... ein.

Karte 11 (Persönliche Frage und Antwort)

Ich erzähle etwas
über meinen Glauben ...

Karte 12 (Persönliche Frage und Antwort)

Dass ich Christ*in bin,
erkennen andere daran, dass ...

Karte 13

„Es geht kein Mensch über die Erde,
den Gott nicht liebt.“
Friedrich von Bodelschwingh

Hintergrundinfo

Friedrich von Bodelschwingh war ein deutscher Pastor (1831–1910). Nach ihm sind die von Bodelschwinghschen Anstalten in Bielefeld/Bethel benannt, dessen Leiter er war. Er entwickelte Bethel zu einer bedeutenden Einrichtung, in der u. a. psychisch kranke Menschen wohnen, arbeiten und Hilfe bekommen.

Karte 14 (Persönliche Frage und Antwort)

Fällt es dir leicht, über deinen eigenen Glauben zu reden? Mit wem redest du über deinen Glauben?

Karte 15

„Der Glaube aber ist eine feste Zuversicht auf das, was man hofft, und ein Nichtzweifeln an dem, was man nicht sieht."
Bibel, Hebräer 11,1; so steht es in der Bibel.
Wie definierst du Glaube?

Karte 16 (Persönliche Frage/Antwort)

Wann ist dir zum ersten Mal die Frage nach Gott gekommen? Oder aktuell zum letzten Mal?

Karte 17 (Persönliche Frage/Antwort)

Ich denke, eine Welt ohne Gott wäre …

Karte 18 (Persönliche Frage/Antwort)

Wenn ich Gott eine Frage stellen könnte, wäre es ...

Karte 19

„Glaube ist der Vogel, der singt, wenn die Nacht noch dunkel ist."
Rabindranath Tagore

Hintergrundinfo

Rabindranath Tagore(1861–1941) war ein bengalischer Dichter, Philosoph, Maler und Musiker. Er erhielt 1913 den Nobelpreis für Literatur.

Karte 20

„Der christliche Glaube ist wie eine große Kathedrale mit herrlich bunten Fenstern. Wer draußen sitzt, sieht es nicht. Aber dem, der drinsteht, wird jeder Lichtstrahl zu einem unbeschreiblichen Glanz."
Nathaniel Hawthorne

Hintergrundinfo

Nathaniel Hawthorne (1804–1864) war ein amerikanischer Schriftsteller.

UND DER MENSCH ERSCHUF …

„UND GOTT SCHUF DEN MENSCHEN ZU SEINEM BILDE“

AUF EINEN BLICK

„Gott schuf den Menschen zu seinem Bilde … und siehe, es war sehr gut.“ So steht es in Genesis 1,27 in der Schöpfungsgeschichte. Der Schöpfer erschafft den Menschen. Später erschaffen diese Menschen intelligente Maschinen und Programme, die wie Menschen aussehen, und sich durch eigenes Lernen selbst weiterentwickeln können. Mittlerweile stehen diese Geschöpfe/Roboter an der Schwelle, intelligenter als der Mensch zu werden.

Was bedeutet das für die Menschheit, und was bedeutet das für die Gottebenbildlichkeit der Menschen? Was bedeutet das für die Rolle Gottes? Viele Fragen schließen sich an: „Können Roboter denken?“, „Was unterscheidet Menschen von Robotern?“ In den letzten 20 Jahren ist ein Boom an neuen Formen Künstlicher Intelligenz entstanden, die in vielen Bereichen unser Leben verändern und immer komplexere Aufgaben von Menschen übernehmen. Ein Ende dieser Entwicklung ist nicht abzusehen.

Die Anfänge der Künstlichen Intelligenz (KI) liegen in den 50er Jahren des 20. Jahrhunderts.

„Der Begriff ‚künstliche Intelligenz' (im englischen Artificial Intelligence, AI) wurde erstmals 1956 von John McCarthy[39] verwendet. McCarthy gab der zweimonatigen legendären Tagung mit dem Titel „Summer Research Project on Artificial Intelligence"[40] ihren Namen. Sie gilt als offizieller Startschuss akademischer Forschung auf diesem Gebiet. Zehn Wissenschaftler aus ganz Amerika kamen zusammen, um sich über Computer auszutauschen, die mehr können sollten als das Rechnen mit Zahlen. Sie wollten herausfinden, wie Maschinen dazu gebracht werden können, Sprache zu verwenden, Spiele zu spielen, zu lernen und Abstraktionen und Konzepte zu bilden."[41]

In den nächsten Jahrzehnten wurden unterschiedliche Robotertypen im Industriebereich entwickelt, aber es war ein vergleichsweise langsamer Fortschritt.

1995 entwickelte Ernst Dieckmann ein autonomes Fahrzeug, 1997 besiegte der Computer „Deep Blue" erstmalig den damaligen Schachweltmeister Garri Kasparow.

Seit 2010 ist ein weltweiter KI-Boom festzustellen. Dieser hängt v. a. zusammen mit der Entwicklung und den riesigen Datenmengen, die im Internet zur Verfügung stehen und ausgetauscht werden.

Mittlerweile werden Roboter / selbstlernende Computerprogramme in ganz unterschiedlichen Bereichen eingesetzt. In der Industrie, in der Medizin, in der Forschung, in der Telekommunikation, im Alltag, in der Unterhaltungsbranche, zum Spaß und zum Zeitvertreib.

Auch die Kirche probiert sich in diesem Bereich aus. 2017 hat die Evangelische Kirche Hessen und Nassau in Wittenberg einen Segensroboter mit dem Namen „BlessU-2" vorgestellt. Dies warf natürlich Fragen auf: Können Robotern geistliche Fähigkeiten zugesprochen werden? Gilt ein Segen, der von einer Maschine zugesprochen wird?

---

39 Ein US amerikanischer Informatiker (1927–2011). Er war der Erfinder der Programmiersprache LISP und besonders aktiv in dem Bereich Künstliche Intelligenz.

40 Im Dartmouth College in den USA.

41 https://www.welytics.ai/blog/2019-08-30-geschichte-ki-teil1/

Mit den Konfis wird in dieser Einheit zunächst auf den aktuellen Forschungsstand geschaut. Was können Roboter heutzutage leisten, wozu sind sie in der Lage?

Es wird überlegt, wo Gott in dieser Technik und in diesem Fortschritt vorhanden ist? So hilfreich, spannend und faszinierend diese neuen Möglichkeiten und die Technik auch sind, ist es gut, einmal anzuhalten und von einer anderen Perspektive zu schauen. Das erreichen wir mit der Impulsfrage und der Aufgabe für die Konfis: Wie würde ein Roboter sein, der Gott gefallen würde? Interessant und bisweilen zu wenig beachtet ist die Perspektive von Gott als unserem Schöpfer. Er gab uns in der Schöpfung den Auftrag, die Erde zu bebauen und die Natur und alles Leben auf ihr zu bewahren. Welchen „Schöpfungsauftrag" geben wir Menschen unseren Geschöpfen, unseren Robotern?

VERLAUFSPLAN

Phase	**Inhalt**	**Medien**
Beginn	Andacht	
Einstieg	Einführung durch Fragebogen	AB 1
Information 1	Information zur aktuellen Lage, was gibt es für Roboter? In Kleingruppen erarbeiten die Konfis je einen Robotertypen: A) Asimo B) Chatbots C) Senior Care Robot D) Selbstfahrende Autos E) Kampfdrohnen F) Humanoide Roboter G) Segensroboter	AB 2–AB 8
Auswertung 1	Roboter können folgende Sachen, haben folgende Eigenschaften: Sammeln der Ergebnisse aus den Konfivorträgen aus Information 1	Plakat 1

Theologische Überlegung und Kreativteil	Gestaltet einen Roboter, der Gott gefallen würde.	große Tapetenrolle
Auswertung 2	Konfis stellen ihre Roboter vor. Es wird festgehalten, parallel zu Auswertung 1. Ein Roboter, der Gott gefallen könnte, hat folgende Eigenschaften:	Plakat 2
Schluss-betrachtung	Vergleich von Auswertung 1 und 2 und vorläufige Schlussfolgerung	
Andacht		

ANDACHT ZU BEGINN

Bibeltext: Genesis 1
Lieder: (EG 432) Gott gab uns Atem, damit wir leben

EINSTIEG

Um in das Thema einzusteigen, wird den Konfis am Anfang ein Fragebogen ausgeteilt, den jeder für sich ausfüllen soll.

Sie sollen einen imaginären Roboter erschaffen, ohne weiteres Vorwissen, ohne auf irgendetwas zu achten. Beide Themen dieses Konfitages werden so bereits spielerisch aufgegriffen:

1) das Schöpfungshandeln
2) Roboter

Anschließend werden in der Gruppe die Antworten der Jugendlichen verglichen, und die einzelnen Roboter können der Gruppe kurz vorgestellt werden.

INFORMATION 1

In diesem Schritt gehen die Jugendlichen in Kleingruppen und bekommen jeweils einen der folgenden Robotertypen zur Erarbeitung. Nach ca. 40 Minuten sollen alle wieder zusammenkommen, und jede Kleingruppe stellt ihren Robotertyp vor.

Die einzelnen Gruppen bekommen ein Arbeitsblatt mit einer Beschreibung des Roboters und einem Internetlink zu einem Kurzfilm (2–8 Minuten zu ihrem Roboter). Diesen können sich die Konfis ohne Probleme auf ihren Handys ansehen. Einige der Links sind in englischer Sprache, aber auch wenn die Jugendlichen nicht alles verstehen, kommt es v. a. auf die Bilder an – z. B. von einem Humanoiden Roboter, wie dieser sich bewegt und agiert, oder Bilder von Menschen, die in selbstfahrenden Autos unterwegs sind. Es geht darum, Eindrücke zu bekommen.

Alle Gruppen bekommen die gleichen Arbeitsfragen, an Hand derer sie ihren Roboter der Gruppe vorstellen sollen:

1) Wie heißt euer Roboter (und warum heißt er so? / Hat der Name eine Bedeutung)?
2) Wofür wurde euer Roboter entwickelt?
3) Was kann euer Roboter Besonderes?
4) Welche Vorteile seht ihr in dem Roboter?
5) Welche Nachteile seht ihr in dem Roboter?

AUSWERTUNG 1

In der Großgruppe werden nun an Hand der Arbeitsaufträge die einzelnen Robotertypen vorgestellt. Um die Ergebnisse visuell für die ganze Gruppe festzuhalten und um damit später weiter arbeiten zu können, werden Stichpunkte auf einem großen Plakat unter folgender Überschrift notiert:

„Das können Roboter heute schon …"

Mögliche Antworten:
Töten, kämpfen, segnen, alten und kranken Menschen helfen, laufen, sich miteinander unterhalten, uns unterhalten, Menschen in vielen Bereichen im Alltag und im Beruf helfen, Auto fahren, Flugzeuge fliegen, selber lernen usw.

THEOLOGISCHE ÜBERLEITUNG UND KREATIVTEIL

Wir haben gemeinsam Roboter betrachtet, die von Menschen geschaffen wurden.

Was wir nicht gehört haben, ist, ob und wie Gott in diesem Prozess vorkommt.

Gott hat die Welt und die Menschen geschaffen, so haben wir es in der Andacht gehört, so steht es ganz am Anfang der Bibel, in Genesis 1,26-29 *„Und Gott sprach: Lasset uns Menschen machen, ein Bild, das uns gleich sei, die da herrschen über die Fische im Meer und über die Vögel unter dem Himmel und über das Vieh und über die ganze Erde und über alles Gewürm, das auf Erden kriecht. Und Gott schuf den Menschen zu seinem Bilde, zum Bilde Gottes schuf er ihn; und schuf sie als Mann und Frau. Und Gott segnete sie und sprach zu ihnen: Seid fruchtbar und mehret euch und füllet die Erde und macht sie euch untertan und herrscht über die Fische im Meer und über die Vögel unter dem Himmel und über alles Getier, das auf Erden kriecht. Und Gott sprach: Sehet da, ich habe euch gegeben alle Pflanzen, die Samen bringen, auf der ganzen Erde, und alle Bäume mit Früchten, die Samen bringen, zu eurer Speise."*[42]

Die Konfis werden gefragt, ob sie aus dieser Bibelstelle herauslesen können, warum Gott die Menschen geschaffen hat.

Die Jugendlichen erkennen, dass Gott den Menschen die Aufgabe gegeben hat, über die Welt, die Natur und die Tiere zu herrschen. Das heißt darauf zu achten, dass es der Natur und den Tieren gut geht. Die Menschen haben den Auftrag bekommen, die Schöpfung zu bewahren.

---

42 Luther 2017.

Im folgenden Kreativteil bekommen die Konfis die Aufgabe, sich zu überlegen, wie ein Roboter geschaffen sein muss und was er können müsste, damit er Gott gefällt.

Die Konfis sollen nun in Zweier-Gruppen solch einen Roboter erdenken, mit allem, was dazugehört. Sie bekommen großes Papier (Packpapier oder Tapetenrolle) und sollen ihren Roboter darauf zeichnen und beschreiben. Fragen, die sie dabei bedenken könnten, sind:

Woraus ist er erschaffen (ökologisch?)

– Wie sieht er aus (wie ein Mensch? Gottesebenbildlichkeit?) – Was kann er, und wofür wird er erschaffen?

Die Jugendlichen bekommen für ihre Überlegungen und die Ausführung dieser Aufgabe eine Stunde Zeit.

AUSWERTUNG 2

Die Roboter der Konfis werden nun von ihnen vorgestellt, und ähnlich wie in Auswertung 1 werden auf einem großen Plakat Ergebnisse festgehalten. Diesmal mit der Überschrift:

Ein Roboter, der Gott gefallen könnte, hat folgende Eigenschaften:

Mögliche Antworten:
Menschen helfen, der Natur und den Tieren helfen (Umweltschutz!), Krankheiten heilen, Frieden bringen, er müsste aus biologisch abbaubarem Material geschaffen sein, er muss Menschen mögen, er müsste freundlich sein, er müsste von Gott erzählen, er müsste die Menschen auf ihre Fehler hinweisen, er muss die Welt besser machen wollen.

SCHLUSSBETRACHTUNG

Zum Abschluss des Konfitages werden die beiden großen Plakate von Auswertung 1 und Auswertung 2 gemeinsam betrachtet hinsichtlich Gemeinsamkeiten und Unterschieden.

Was fällt auf?

FÜR ZEITSPARER

ARBEITSBLATT 1

Welche Arten von Robotern kennst du, und wo werden sie eingesetzt?

Findest du Roboter, die aussehen wie Menschen, eher erschreckend oder gut? Begründe deine Antwort.

Stell dir vor, du könntest einen Roboter entwickeln, wie würdest du ihn nennen, und was kann er alles? Fülle diesen Fragebogen dazu aus:

Name meines Roboters:	
Diese Fähigkeiten hat mein Roboter:	
Deshalb sind mir diese Fähigkeiten so wichtig:	
So sieht mein Roboter aus (Skizze):	

ARBEITSBLATT 2

ASIMO

Der humanoide Roboter Asimo ist Teil eines langfristigen Forschungsprogramms, dessen Ziel es ist, Roboter zu entwickeln, die Menschen im Haushalt und im Alltag helfen können (zum Beispiel alten und kranken Menschen).

Honda entwickelte (in Japan) mit ASIMO (ab 1986 und im Jahr 2000 der Öffentlichkeit vorgestellt) den zurzeit am weitestentwickelten humanoiden Roboter. Er ist 1,34 Meter groß und wiegt 48 kg. Dieser bewegt sich auf zwei Beinen fort. ASIMO steht für „Advanced Step in Innovative Mobility". Auch steht das japanische Wort Asi für „Bein" und Mo für „Mobilität". Seit dem Jahr 2000 wird kontinuierlich weiter geforscht und Asimo ständig verbessert. Mittlerweile gibt es verschiedene Typen und Arten von Asimos.

ARBEITSAUFTRAG

Seht euch in der Gruppe folgenden kurzen Film zu Asimo an und beantwortet anschließend unten stehende Fragen schriftlich. Damit stellt ihr Asimo später der Großgruppe vor:

YouTube link: *https://www.youtube.com/watch?v=skXYr8BzjpM*[43]
Wie heißt euer Roboter (und warum heißt er so? / Hat der Name eine Bedeutung?)?

1) Wofür wurde euer Roboter entwickelt?
2) Was kann euer Roboter Besonderes?
3) Welche Vorteile seht ihr in dem Roboter?
4) Welche Nachteile seht ihr in dem Roboter?

ARBEITSBLATT 3

CHATBOTS

Der Begriff Chatbot setzt sich aus den Wörtern: Chat (reden) und Roboter zusammen. Ein Chatbot ist ein technisches Dialogsystem, mit dem entweder über Texteingabe oder Sprache kommuniziert werden kann. Wir kennen Chatbots wie z. B. Siri oder Alexa. Auch Unternehmen nutzen Chatbots, sie erklären den Kunden ihre Produkte, beantworten Fragen und geben Hilfestellungen bei Problemen. Chatbots können auch als spielerischer Zeitvertreib oder zum Spaß eingesetzt werden. Über Avatare wird oft versucht, den Chatbots eine eigene Identität zu geben. Chatbots können selbstlernend werden, d. h. ihr Wissen selbst erweitern und dann komplexere Antworten geben. 2 Bots aus dem Facebook-Forschungslabor für Künstliche Intelligenz, „Bob" und „Alice", entwickelten in einem Gespräch 2017 eine eigene Sprache, die die Menschen nicht mehr verstanden haben. Die beiden Bots wurden schließlich ausgeschaltet und neu programmiert. Zwei andere Bots, „Vladimier" und „Estragon", haben sich tagelang unterhalten (2017), ob sie Menschen oder Roboter sind, bekannten sich gegenseitig ihre Liebe und überlegten, ob sie Menschen angreifen würden.

43 ASIMO on LIVE with Kelly and Michael (von 2014), der Roboter Asimo tritt als Gast in einer US-Talkshow auf. Auch wenn das Gespräch auf Englisch ist, bekommt man trotzdem einen guten Eindruck von dem Roboter und was er kann.

ARBEITSAUFTRAG

Seht euch in der Gruppe folgenden kurzen Film zu Chatbots an: YouTube link: *https://www.youtube.com/watch?v=dOHgSztfUuk*[44] und beantwortet anschließend unten stehende Fragen schriftlich. Damit stellt ihr Chatbots später der Großgruppe vor:

1) Wie heißt euer Roboter (und warum heißt er so? / Hat der Name eine Bedeutung?)?
2) Wofür wurde euer Roboter entwickelt?
3) Was kann euer Roboter Besonderes?
4) Welche Vorteile seht ihr in dem Roboter?
5) Welche Nachteile seht ihr in dem Roboter?

ARBEITSBLATT 4

SENIOR CARE ROBOT

In Japan werden Roboter in der Pflege bereits seit einigen Jahren eingesetzt. Es gibt dort auch kleine Haustierroboter, die Tiere imitieren und so die Senioren beschäftigen.

Roboter können alte Menschen und das Pflegepersonal körperlich unterstützen. Sie können Senioren z. B. an ihre Medikamente erinnern, mit ihnen oder für sie einkaufen, mit ihnen spielen, sie unterhalten oder auch kleine Bewegungsübungen machen.

Roboter können Menschen nicht ersetzen, aber helfen und ihren Alltag erleichtern. Gerade wenn es an Helfern und Pflegern in den sozialen Berufen mangelt, können sie wichtig werden.

---

44 Diese Person ist nicht real – Der unheimlich echte Chatbot. Kurze Doku darüber, wie real Chatbots aussehen und reden können.

ARBEITSAUFTRAG

Seht euch in der Gruppe folgenden kurzen Film zu Senior Care Robots an: *https://www.youtube.com/watch?v=6ymaQlnnSSY*[45] und beantwortet anschließend unten stehende Fragen schriftlich. Damit stellt ihr die Senior Care Robots später der Großgruppe vor:

1) Wie heißt euer Roboter (und warum heißt er so? / Hat der Name eine Bedeutung?)?
2) Wofür wurde euer Roboter entwickelt?
3) Was kann euer Roboter Besonderes?
4) Welche Vorteile seht ihr in dem Roboter?
5) Welche Nachteile seht ihr in dem Roboter?

ARBEITSBLATT 5

SELBSTFAHRENDE AUTOS

Roboterautos können autonom fahren, steuern und einparken. In der Automobilindustrie wird viel daran geforscht, diese Roboterautos auf den Markt zu bringen. Die Autos nehmen über verschiedene Sensoren ihre Umgebung wahr und können mit den gewonnenen Informationen sowohl ihre Position als auch die Position anderer Verkehrsteilnehmer ermitteln. So können sie Unfälle vermeiden und durch ein Navigationssystem ihr Ziel finden.

Bis zu 90 % der aktuellen Autounfälle werden auf menschliches Versagen und menschliches Fehlverhalten zurückgeführt. Mit den Roboterautos hofft man, solche Unfälle zu reduzieren.

45 Ein Pfleger namens Garmi: Wie ein Roboter in der Altenpflege helfen kann | Stationen | BR (2019).

ARBEITSAUFTRAG

Seht euch in der Gruppe folgenden kurzen Film zu selbstfahrenden Autos an: YouTube-Link: *https://www.youtube.com/watch?v=__EoOvVkEMo*[46] und beantwortet anschließend unten stehende Fragen schriftlich. Damit stellt ihr die Roboterautos später der Großgruppe vor:

1) Wie heißt euer Roboter (und warum heißt er so? / Hat der Name eine Bedeutung?)?
2) Wofür wurde euer Roboter entwickelt?
3) Was kann euer Roboter Besonderes?
4) Welche Vorteile seht ihr in dem Roboter?
5) Welche Nachteile seht ihr in dem Roboter?

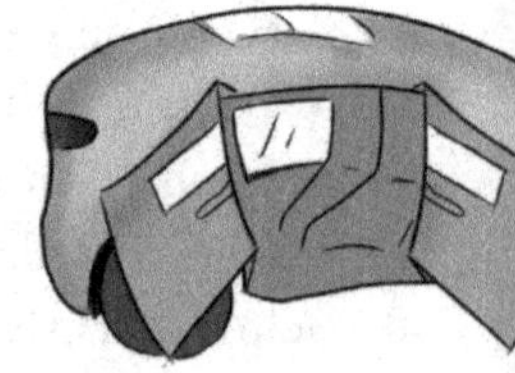

ARBEITSBLATT 6

KAMPFDROHNEN

Kampfdrohnen sind unbemannte Flugobjekte. Die deutsche Bundeswehr hat seit 2013 mehrere Drohnen verschiedenster Typen zur Verfügung. Sie dienen dem Auskundschaften von Gegnern aus der Luft. Diese Drohnen sind unbewaffnet.

Es gibt aber auch bewaffnete Drohnen, z. B. setzten die USA bewaffnete Drohnen an der Grenze von Pakistan und Afghanistan ein, um mit gezieltem Raketenbeschuss Extremisten zu töten. Dabei kommt es immer wieder auch zu Opfern in der Zivilbevölkerung.

46 I took a ride in Waymo's fully driverless car (2019).

ARBEITSAUFTRAG

Seht euch in der Gruppe folgenden kurzen Film zu Kampfdrohnen an: YouTube-Link[47]: *https://www.youtube.com/watch?v=ltLV5Na7o-wU* und beantwortet anschließend unten stehende Fragen schriftlich. Damit stellt ihr die Kampfdrohnen später der Großgruppe vor:

1) Wie heißt euer Roboter
   (und warum heißt er so? /
   Hat der Name eine Bedeutung?)?
2) Wofür wurde euer Roboter entwickelt?
3) Was kann euer Roboter Besonderes?
4) Welche Vorteile seht ihr in dem Roboter?
5) Welche Nachteile seht ihr in dem Roboter?

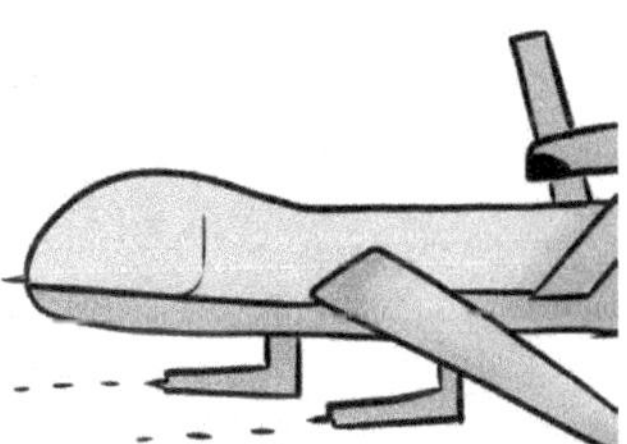

ARBEITSBLATT 7

HUMANOIDER ROBOTER

Hiroshi Ishiguro ist Direktor des Intelligent Robotics Laboratory der Universität Osaka. Er hat einen Roboterklon, einen Zwilling von sich selbst, erschaffen. Dieser kann sprechen, sich bewegen und ist in der Lage, Gefühle auszudrücken. Sein Name ist Geminoi, was so viel heißt wie Doppelgänger-Android. Dieser Roboter vertritt ihn sogar bei Vorlesungen. Ishiguro ist bei diesen Vorträgen dann über das Internet mit dem Klon verbunden.

Daneben gibt es noch viele andere menschlich aussehende Roboter, z. B. Sophia. Sie ist ein humanoider Roboter, der 2016 u. a. von David Hanson in Texas USA erschaffen wurde. Im Jahr 2017 wurde Sophia in Saudi-Arabien als erstem Roboter die Staatsbürgerschaft

47 Youtube-Link (Killer-Roboter: Töten ohne Gewissen? | Monitor | Das Erste | WDR) von 2018.

zugesprochen. Sie besitzt künstliche Intelligenz und imitiert menschliche Gestik und Mimik.

ARBEITSAUFTRAG

Seht euch in der Gruppe folgenden kurzen Film zu Sophia an: YouTube-Link[48]: (Sophia Awakens Episode 1): *https://www.youtube.com/watch?v=LguXfHKsaoc* und beantwortet anschließend unten stehende Fragen schriftlich. Damit stellt ihr die menschlich aussehenden Roboter später der Großgruppe vor:

1) Wie heißt euer Roboter (und warum heißt er so? / Hat der Name eine Bedeutung?)?
2) Wofür wurde euer Roboter entwickelt?
3) Was kann euer Roboter Besonderes?
4) Welche Vorteile seht ihr in dem Roboter?
5) Welche Nachteile seht ihr in dem Roboter?

ARBEITSBLATT 8

SEGENSROBOTER „BLESSU-2"

Der Segensroboter „BlessU-2" wurde für die „Weltausstellung der Reformation" im Lutherjahr 2017 von der Evangelischen Kirche in Hessen und Nassau (EKHN) erschaffen. Er war als Kommunikationsexperiment gedacht, das zu Debatten zum Thema Digitalisierung, Künstliche Intelligenz und Zukunft der Kirche anregen soll. Der Segensroboter ist 1,80 m groß. Ein Touch-Screen mit verschiedenen Optionen ziert seinen Brust-Bereich. Soll eine männliche oder eine weibliche Stimme segnen? In welcher Kategorie – Ermutigung oder

48 YouTube-Link (Killer-Roboter: Töten ohne Gewissen? | Monitor | Das Erste | WDR) von 2018.

Erneuerung? Und schon legt der Roboter, der auch auf den Namen Robbi hört, los. Er hebt die Arme, streckt seine leuchtenden Hände aus und spricht einen Segensspruch. Wer will, kann sich die Worte auch ausdrucken und mit nach Hause nehmen. Der Roboter ist auch ein Experiment mit einem theologischen Hintergrund: Menschen sollen so über ihr theologisches Verständnis zum Segen nachdenken. Dabei wirft das kommunikative Experiment weiterführende Fragen auf: Was geschieht beim Segnen? Welche Voraussetzungen braucht es für einen Segen? Gilt ein Segen auch von einem Roboter?

ARBEITSAUFTRAG

Seht euch in der Gruppe folgenden kurzen Film zum Segensroboter[49] an: *https://www.youtube.com/watch?v=XfbrdCQiRvE* und beantwortet anschließend unten stehende Fragen schriftlich. Damit stellt ihr den Segensroboter später der Großgruppe vor:

1) Wie heißt euer Roboter
   (und warum heißt er so? /
   Hat der Name eine Bedeutung?)?
2) Wofür wurde euer Roboter entwickelt?
3) Was kann euer Roboter Besonderes?
4) Welche Vorteile seht ihr in dem Roboter?
5) Welche Nachteile seht ihr in dem Roboter?

49 Installation „BlessU-2“ / LichtKirche Wittenberg (Segensroboter / Blessing Robot)

TOTALITARISMUS, DIKTATORISCHE HERRSCHER UND MISSBRAUCH VON RELIGION

„MEIN GOTT, DU KÖNIG“

AUF EINEN BLICK

Es ist in allen Geschichtsepochen bis in die Gegenwart hinein zu sehen, dass Religion missbraucht werden kann. Gewalt im Namen Gottes zu legitimieren, kennen wir aus der Kirchengeschichte nur zu gut (Kreuzzüge/Inquisition).

In der Gegenwart ist Europa säkularer geworden, und die Religion als Weltdeutungsressource hat sich eher in den Hintergrund gestellt. Global gesehen wird Religion jedoch oft benutzt, um Einfluss auf Politik und Gesellschaft zu nehmen. Häufig ist dies mit brutaler Gewalt bis hin zu Selbstmordattentaten verknüpft. So z. B. bei den Anschlägen des IS (Terrorgruppe Islamischer Staat), um nur ein bekanntes Beispiel zu nennen.

Totalitäre Regime oder Diktatoren wollen alle Bereiche der Gesellschaft kontrollieren und dominieren. Das schließt auch die Religion mit ein, die nicht zwangsläufig verboten wird. Vielmehr wird die Religion von diesen Regimen für ihre eigenen Zwecke missbraucht. Diktatoren sehen sich oft selbst in einer gottähnlichen Rolle. Ihre Mission wird als göttlich dargestellt.

Diktatorische Herrschaftsformen vereinen oft mehrere der folgenden Inhalte: Personenkult, Unterdrückung der ganzen oder Teile der Gesellschaft, Völkermord/Genozid, Gewaltherrschaft, Zensur in Medien, Kultur und Politik.

Leider ist die Diktatur als Herrschaftsform und das Thema „Missbrauch der Religion für eigene politische Interessen" keineswegs fernste Vergangenheit. Einige diktatorische Herrscher der letzten Jahrzehnte bis in die Gegenwart hinein sind: Augusto Pinochet (1973-1990 Chile); Benito Mussolini (1922–1943 Italien); Francisco Franco (1939–1975 Spanien); Charles Taylor (1997–2003 Liberia); Kim il-Sung (1948–1994) und anschließend sein Sohn Kim Jong-il (Nordkorea); Mao Zedong (1943–1976 China); Muammar al-Gaddafi (1969–2011 Libyen) Josef Stalin (1941–1953 UdSSR); und Adolf Hitler (1934–1945 Deutschland).

An diesem Konfitag wird das Verhältnis von Totalitarismus und Missbrauch der Religion am Beispiel des Nationalsozialismus und der Diktatur unter Adolf Hitler betrachtet.

Auch wenn die Konfis in der Schule das Thema Nationalsozialismus erst später genauer kennenlernen, so wissen sie die Person Adolf Hitler dennoch einzuordnen. Es gibt gute geschichtliche Quellen über ihn, und es lässt sich exemplarisch eine totalitäre, diktatorische Herrschaft an ihm und dieser Zeit zeigen, die auch die Religion für ihre Zwecke missbraucht. An dieser Stelle wollen wir ansetzen und mit den Jugendlichen erkennen, wie die Religion zweckentfremdet wird.

Es ist wichtig, dass die Jugendlichen den Unterschied zwischen Religion und dem Missbrauch der Religion für politische Zwecke erkennen können.

An diesem Konfitag setzen wir uns nicht mit dem Inhalt oder der Geschichte des Dritten Reiches auseinander, sondern legen den Fokus darauf, wie damals bewusst auch die Religion eingesetzt wurde, um die politischen Ideen in die Bevölkerung zu transportieren.

Dieses wird an Propagandaplakaten, Texten und bekannten Liedern aus der damaligen Zeit betrachtet. Das sind historische Quellen. Allerdings ist zu beachten, dass sie keine objektiven, geschichtlichen Informationen übermitteln, sondern die subjektive Meinung des Auftraggebers widerspiegeln.

Ziel dieser Einheit ist es, dass die Konfis erkennen, dass religiöse Sprache und Symbole anfällig für Missbrauch sind und dass in einer Diktatur das Volk bewusst damit geleitet werden kann.

Diese Erkenntnis gilt nicht nur für die Epoche des Dritten Reichs, sondern ist übertragbar auf andere totalitäre Systeme.

Am Ende des Tages sollen die Jugendlichen überlegen, wie man sich gegen diese Übernahme religiöser Sprache und Begriffe zur Wehr setzen kann. Der nächste Konfitag „#8 Kirche und Statt. Man muss Gott mehr gehorchen als den Menschen", der diesen Konfitag inhaltlich weiterführt, behandelt dieses Thema noch weitreichender.

VERLAUFSPLAN

Phase	**Inhalt**	**Medien**
Beginn/Einstieg	Andacht	Psalm 145 (AB 0)
Erarbeitung 1	Bilder und Worte göttlicher Herrschaft	PowerPoint o. Ä.
Erarbeitung 2	Bilder und Worte irdischer Herrschaftsformen	s. o.
Erarbeitung 3	Unterschiedliche Herrschaftsformen	
Überleitung 1	Spiel: „The Queen/ King wants …" (Teil 1)	

Erarbeitung 4	Diktatur und 3. Reich Kurze Einführung in die zeitgeschichtlichen Hintergründe an Hand von Propagandaplakaten der NS-Zeit	Propagandaplakate
Vertiefung, Auswertung	Konfis arbeiten in Kleingruppen an ähnlichen Beispielen wie in Erarbeitung 4	AB 1 „Weihnachtsbilder" AB 2 „Stille Nacht" AB 3 „Glaubensbekenntnis"
Pause		Mittagessen
Ergebnissicherung und Überleitung 2	Spiel: „The Queen/ King wants …"(Teil 2)	
Kreativteil	„Konspiratorische" Gruppenarbeit	Briefe (AB 4–6) mit den Arbeitsaufträgen
Auswertung des Kreativteils	Vorstellen der Ideen der Konfis, gemeinsames Gespräch darüber	
Überleitung zum nächsten Konfitag		Briefe an die Konfis
Andacht		

ANDACHT

Lieder:
– Großer Gott wir loben dich (EG 331)
– King of Kings (Feiert Jesus! Best of Liederbuch, 143)
Bibeltext:
Psalm 145

ERARBEITUNG 1

Die Jugendlichen bekommen den Text des Psalms 145 mit dem Arbeitsauftrag, alle Stellen und Wörter zu unterstreichen, die Gottes Herrschaft beschreiben oder Gottes Herrschaft zugeordnet werden können. Der Psalm ist bereits aus der Andacht bekannt.

Anschließend werden die Ergebnisse in der Großgruppe gesammelt und visualisiert (Flipchart / PowerPoint etc.).

Mögliche Ergebnisse
Gott ist König, Gott wird erhoben, Gott wird immer gelobt auch noch von Kindeskindern, sein Lob wird weitererzählt, er vollbringt Wunder, seine Größe und Taten sind unausforschlich, seine Taten sind mächtig, seine Gewalt ist groß, er ist gerecht, barmherzig und gnädig, er ist nahe bei den Menschen, er gibt ihnen Essen und behütet sie, er hat ein ewiges Reich.

ERARBEITUNG 2

In diesem Schritt arbeiten die Konfis mit den erarbeiteten Beschreibungen der göttlichen Herrschaft weiter und stellen die Übertragung her zu irdischen Regierungsformen, ausgehend von der Frage, welche dieser Gottesbeschreibungen auch auf einen irdischen König[50] zutreffen. Diese sollen ebenfalls im Psalm markiert werden.[51]

---

50 Der König wurde hier als entsprechendes Synonym für einen totalitären Alleinherrscher gewählt. Die Figur eines Königs entspricht am ehesten dem Wissens- und Erfahrungsstand der Konfis über Regierungs- und Herrschaftsformen. Sie können hier an europäische Königshäuser, Könige aus Märchen oder altägyptische Könige denken.
51 Zur besseren Unterscheidung in einer anderen Farbe.

Es ist auffällig, dass (wenn vielleicht bei einigen Bildern diskutiert werden kann) alle Beschreibungen göttlicher Macht auch auf einen irdischen Machthaber übertragbar sind.

Dieser erste Arbeitsschritt ist die Grundlage für das weitere inhaltliche Verständnis. Die Jugendlichen erkennen bereits in diesem einfachen Vergleich, dass alle Zuschreibungen göttlicher Herrschaft auch auf irdische Herrscher übertragen werden können.

Diesem Erkennen folgt im Laufe des Tages die Achtsamkeit im Umgang mit der Übertragung und dem Missbrauch dieser Attribute auf konkrete irdische Herrscher und Ideologien.

ERARBEITUNG 3

Die Konfis sind in einem Alter, in dem sie in der Schule noch nicht viele unterschiedliche Regierungsformen kennengelernt haben.

Das deutsche Staatssystem sollte ihnen ansatzweise vertraut sein. Es wird kurz mit ihnen rekapituliert.

Anschließend wird gemeinsam überlegt, ob die im Psalm markierten göttlichen oder königlichen Zuschreibungen (Einleitung 1 und 2) auf den/die deutsche Bundeskanzler*in übertragbar sind. Welche ja, welche eher nicht?

Würden wir uns solche Eigenschaften von unserem/r Bundeskanzler*in wünschen? Was hätte das für Vorteile – was evtl. auch für Nachteile?

Diese Überlegungen sind wichtig, um tiefer in das Thema einzusteigen. Die Jugendlichen kennen die Herrschaftsform der Diktatur nicht. Sie leben in einer Demokratie und können sich nur schwer in einen totalitären Staat hineindenken.

Was wäre, wenn unser/e Bundeskanzler*in plötzlich zum/r König*in erhoben werden würde, von dem/der nur lobend gesprochen werden darf, der/die große Taten vollbringt und Herrscher*in über sein/ihr Volk ist? Was wäre bei uns dann in Deutschland anders als jetzt? Diese und ähnliche Fragen können mit den Konfis hier besprochen werden.

ÜBERLEITUNG 1

Spätestens an dieser Stelle halten wir eine Veränderung der Sozialform für geboten. Bisher haben die Jugendlichen ausschließlich kognitiv, sitzend, in der Großgruppe gearbeitet. Das an dieser Stelle folgende Spiel „The Queen/King wants" ist ein Bewegungs- und Wettbewerbsspiel. Es unterstützt zudem dieses Thema und führt es weiter fort.[52]

Die Konfis werden in mindestens zwei Gruppen eingeteilt und „kämpfen" gegeneinander um die Gunst der Königin / des Königs. Die Mannschaft, die gewinnt, erhält einen Preis.

Ein*e Jugendliche*r übernimmt im Spiel die Rolle der Königin / des Königs. Um das besonders deutlich zu machen und seine/ihre Sonderstellung noch herauszustellen, kann diese Person auf einem besonders ausstaffierten Thron sitzen.

Die anderen Jugendlichen müssen stehen und während des Spiels alles machen, was der König / die Königin befiehlt, indem sie ihr/ihm so schnell wie möglich die geforderten Gegenstände bringen oder Aktionen durchführen.

Beispiele hierfür können sein:

- Holt mir schnell drei Schlüssel!
- Holt mir ein rotes Fahrradschloss!
- Ich will zwei schwarze Socken ...

Die Gruppe, die die Aufgabe zuerst erfüllt hat, bekommt einen Punkt.

Die Gruppe, die als erste eine vorher festgelegte Anzahl von Punkten hat, gewinnt das Spiel und bekommt eine Belohnung (Süßigkeiten o. Ä.). Als sinnvoll haben sich 6–9 Runden erwiesen.

---

52 Zu einem späteren Zeitpunkt des Konfitages (siehe Überleitung) wird das Spiel noch einmal wiederholt, dann jedoch modifiziert.

ERARBEITUNG 4

Die erlebnispädagogische Überleitung mit Hilfe des Spieles führt direkt in das Denken der Zeit des Nationalsozialismus in Deutschland. Die nationalsozialistischen Machthaber befahlen dem Volk, was es tun sollte.

Mit zwei Propagandaplakaten aus dieser Zeit wird der Übergang den Konfis nun deutlich gemacht.

Die Pfarrperson/Teamer*in erklärt an Hand der beiden Poster, dass es in der deutschen Geschichte eine Zeit gab, den sog. Nationalsozialismus (vor und während des 2. Weltkrieges 1933–1945), in der sich ein Führer (Adolf Hitler) immer mehr zum alleinigen Herrscher über jeden und alles erhob. Alle mussten ihm gehorchen und machen, was er und seine Partei wollten. Wer Hitler nicht gehorchte, wurde eingesperrt und getötet. Die folgenden Plakate sollen mit den Konfis betrachtet werden, um ein Gefühl für die damalige Zeit und die Umstände zu bekommen.

Durch die Bilder werden die Konfis direkt angesprochen. Sie entwickeln Emotionen, und über offene Gespräche zu diesen Bildern bekommen sie einen guten ersten Eindruck für die geschichtlichen Umstände und Gegebenheiten.

Die Konfis werden aufgefordert zu sagen, was sie auf den Bildern sehen.

Was erkennen sie, was ist im Mittelpunkt des Bildes zu sehen, was ist eher im Hintergrund, wie ist die Stimmung auf den Bildern, welche Gefühle werden damit transportiert, wen sollen diese Bilder ansprechen, was sollen diese Plakate für eine Botschaft transportieren? Besonders auf dem ersten Plakat („Es lebe Deutschland“) können die Konfis auch religiöse Symbole wiederfinden. Durch gezieltes Fragen wird einiges Interessante sichtbar.

Das zweite Bild wurde gewählt, weil es die Konfis in ihrem Alter ansprechen soll. Dieses Plakat wurde an Kinder und Jugendliche adressiert, und alle Konfis wären damals in der Hitlerjugend gewesen. Auch auf diesem zweiten Plakat sieht man den herrschaftlich stilisierten Hitler, der messianische Züge aufweist. Er zeigt den Weg, ihm wird gehorcht und ihm wird gefolgt.

Die Ergebnisse dieser Bildbetrachtungen werden zusammengetragen (siehe Kurzbeschreibung zu den einzelnen Bildern). Fehlendes Hintergrundwissen der Konfis wird durch die Pfarrpersonen ergänzt.

KURZBESCHREIBUNG: „ES LEBE DEUTSCHLAND"[53]

Propagandaposter von 1935

- Hitler wird als messianische Figur dargestellt, er geht unerschrocken voran, kennt und weist den Weg. Die Menschen stehen hinter ihm und folgen ihm. Die Massen teilen offenbar seine Meinung. Das wird durch die identischen Fahnen deutlich.
- Das Licht umflutet seinen Kopf, fast wie ein Heiligenschein.
- Der Vogel über ihm verleiht dem Bild einen engelhaften Charakter, der noch unterstützt wird durch die florale Umrandung im Rahmen des Bildes.
- Der Vogel, der scheinbar aus dem offenen Himmel herabkommt erinnert an den Heiligen Geist bei der Taufe Jesu (Mt 3, 13ff) und die Stimme: „Das ist mein lieber Sohn, an dem ich Wohlgefallen habe."
- Hitler nimmt hier eine Autoritätshaltung ein, und die Menschenmassen im Hintergrund folgen ihm.
- Das Symbol des Hakenkreuzes muss hier erklärt werden. In der folgenden Gruppenarbeit taucht es erneut auf.
- Das Symbol des Hakenkreuzes wurde von den Nationalsozialisten als ihr offizielles Zeichen übernommen. Die Hakenkreuzfahne wurde ab 1935 zur alleinigen Nationalflagge. Im Alltagsleben war das Hakenkreuz überall in Deutschland bis 1945 gegenwärtig.

---

53 Entnommen von: http://primaryhistorysource.blogspot.com/2013/07/feature-has-way-that-leaders-are.html

Heute ist das Hakenkreuz als verfassungsfeindliches Symbol unter Strafe gestellt, wenn es nicht zum Zweck der Aufklärung genutzt wird.

KURZBESCHREIBUNG „JUGEND DIENT DEM FÜHRER“[54] UM 1939

- Das Bild zeigt einen Jungen (typisch deutsch dargestellt mit blonden Haaren). Er trägt eine Uniform (Hitlerjugend). Er guckt stolz in die Ferne (Zukunft). Im Hintergrund ist ein Porträt von Hitler zu sehen. Der Blick Hitlers zeigt dem Jungen den Weg.
- Es ist eindeutig, wer auf diesem Plakat das sagen hat, und wem gehorcht werden muss. Die Jugend hat zu „dienen“ und zu gehorchen. Es ist eine Aussage, die nicht in Frage gestellt werden kann.
- „Das Plakat fordert auf, dass jedes Kind in die Hitler-Jugend einzutreten habe. Mit Eintritt sollten die Kinder ihr Leben ganz in den Dienst des „Führers“ und der „Volksgemeinschaft“ stellen. Gefordert wurde die absolute Unterordnung unter die Ziele der politischen Führung. Langjährige Schulungen sollten aus den HJ-Mitgliedern glühende Verehrer Adolf Hitlers und überzeugte Nationalsozialisten machen.“[55]

Es ist an dieser Stelle wichtig, mit den Konfis die Ergebnisse festzuhalten, möglichst in einer einfachen und zugespitzten These, z. B.: Adolf Hitler stilisiert sich als den übermächtigen Führer Deutsch-

---

54 Entnommen von: http://pressechronik1933.dpmu.de/dokument-ns-plakat-zur-hitler-jugend/

55 https://www.dhm.de/lemo/bestand/objekt/propagandaplakat-jugend-dient-dem-fuehrer-um-1939.html

lands mit göttlichen Attributen. Die Menschen sollen glauben, dass Adolf Hitler direkt von Gott geschickt wurde und den Weg in eine bessere Zukunft weisen kann.

Nach einer kurzen Pause wird mit den Konfis zu dieser These an weiteren Beispielen in Kleingruppen gearbeitet.

VERTIEFUNG

Die Konfis werden in Gruppen (ca. 4 Konfis pro Gruppe) eingeteilt. Sie bekommen eine der drei Aufgabenstellungen[56], die sie bearbeiten sollen. Die Aufgaben sind vergleichbar mit den besprochenen Propagandaplakaten. An Hand eines Weihnachtsliedes, eines Glaubensbekenntnisses und von Weihnachtsbildern aus der damaligen Zeit erkennen die Jugendlichen nun selbst die Übernahme christlicher Bilder und christlicher Sprache auf die nationalsozialistische Idee.

AUSWERTUNG

Die Konfis präsentieren ihre Ergebnisse der Großgruppe und erkennen in einem Gespräch über Gemeinsamkeiten in den Ergebnissen der Aufgaben, dass in allen drei Gruppen bewusst christliche Texte oder Ereignisse (Weihnachten) mit nationalsozialistischem Gedankengut und Bildern übermalt bzw. überschrieben wurden.

Der ursprünglich christliche Sinn und Inhalt (von Weihnachten und einem Glaubensbekenntnis) ist nicht mehr vorhanden. Stattdessen treten Adolf Hitler oder der Nationalsozialismus an die Stelle von Jesus Christus (z. B. in dem Lied „Stille Nacht"). Diese Erkenntnis ist das zentrale Ergebnis dieses Konfitages.

ERGEBNISSICHERUNG / ÜBERLEITUNG 2

Zu diesem Zeitpunkt haben die Jugendlichen in Ansätzen erkannt, dass die Nationalsozialisten christliche Bilder übernommen und diese inhaltlich mit ihren politischen Aussagen gefüllt haben.

Nun folgt ein Moment des Innehaltens und des Überlegens mit

---

56 Siehe Arbeitsblätter AB 1-3.

den Konfis: Warum haben die Nationalsozialisten das gemacht? Und: Was ist daran so schlimm?

Damit jede*r Konfi hier die Chance zu antworten bekommt, erhalten alle einen kleinen Zettel. Jede*r soll mindestens eine Überlegung aufschreiben, warum für Christen die Übernahme der christlichen Symbole von den Nationalsozialisten problematisch sein kann.

Mögliche Ergebnisse:

- *Es steht im Widerspruch zum 1. Gebot: „Du sollst keine anderen Götter haben neben mir." Kein Mensch kann sich an die Stelle Gottes setzen.*
- *Die nationalsozialistischen Ideen sind für Christen außerordentlich problematisch und keinesfalls tragbar. Deshalb ist es unerträglich, dass nach außen mit christlichen Bildern geworben wird.*
- *Das Christentum wird in seinem Inhalt verändert und letztlich ersetzt.*

Um an den Punkt zu kommen, der über das Erkennen dieser Problematik in einen aktiven Widerspruchspart geht, wird zunächst noch einmal das Spiel vom Beginn gespielt, diesmal mit einer kleinen Änderung.

Zwei Teamer*innen werden vorher eingeweiht. Einer der Teamer ist diesmal Queen oder King und der andere Teamer ein normaler Mitspieler. Der Teamer, der King oder Queen spielt, soll die Aufgaben, die die Konfis machen sollen, immer schwerer und unlösbarer machen.

BEISPIELE:

1) Alle sollen 10 Liegestützen machen!
2) Zieht alle eure Schuhe und Socken aus und schmeißt sie auf einen Haufen zusammen!
3) So, bis jetzt war ich ja noch nett. Eure Gruppen sind mir zu schlecht, ich will nur die 5 besten aus jeder Gruppe. Sucht die Schwächsten aus eurer Gruppe aus und schickt sie ohne ihre Schuhe vor die Tür!

Es soll kein lustiges Spiel mehr sein, es sollen schwere Aufgaben werden, die die Konfis kaum schaffen und die sie eigentlich auch nicht machen wollen.

Die Frage ist, wie lange spielen die Konfis dieses Spiel mit, wenn ihnen vorher von den Pfarrpersonen gesagt wurde, sie müssen dieses Spiel mitspielen. Entweder sagt eine Konfi an irgendeiner Stelle, „Nein, da mache ich nicht mehr mit“, und dann muss geguckt werden, ob er alleine steht oder andere Konfis sich nun auch zu sagen trauen, dass sie nicht mehr mitmachen wollen. Wenn keiner der Konfis reagiert, soll nun der/die vorher instruierte Teamer*in nach dem dritten Beispiel dem/der König*in sagen, er/sie macht nicht mehr mit.

Er möchte dieses Spiel nicht mehr spielen, weil es nun anfängt, gegen andere Spieler zu gehen. Er fordert die Konfis auf, auch nicht mehr mitzuspielen!

Was macht die Gruppe? Die Pfarrperson achtet darauf, dass das Spiel an dieser Stelle wirklich zu Ende ist.

Nachdem das Spiel beendet wurde, wird darüber gesprochen, was die Gruppe gerade erlebt hat.

Wie war es, einem Herrscher Folge leisten zu müssen, auch bei Aufgaben, die schwer waren, und Aufgaben, die man lieber nicht machen möchte. Wer hat hier Stopp gesagt und warum, und wie ist die Gruppe aus dem Spiel rausgekommen? Wieso hat nicht schon viel früher eine*r Stopp gesagt?

Hier reagiert jede Gruppe anders, und darauf wird nun eingegangen.

Eine Überleitung zur Zeit des Nationalsozialismus wird angeschlossen.

Gab es damals Widerstand? Gab es Menschen oder Gruppen, die sich getraut haben, etwas gegen Hitler zu sagen oder sogar zu unternehmen? Wie konnte das damals aussehen?

Offiziellen Widerstand durfte es nicht geben, das wurde verboten und die Konsequenzen waren Gefängnis und/oder Tod.

KREATIVTEIL

Der Kreativteil an dieser Stelle lebt davon, dass er in einem entsprechenden Setting gut eingebettet und durchgeführt wird.

Hier sollen die Konfis sich selbst als Teil des Widerstands erleben und überlegen, was sie in solch einer Situation (bewusst als Christ) machen können. Der Widerstand musste damals konspirativ und im Verborgenen vorbereitet werden. So soll es nun in diesem Kreativteil auch gehandhabt werden.

Während des Mittagessens geht die Pfarrperson zu einigen wenigen Konfis und spricht nacheinander so mit ihnen, dass die anderen Konfis nicht mitbekommen, worum es geht. Es soll geheim bleiben.

Von diesen Konfis bekommt jeder die Aufgabe, sich im Geheimen eine Gruppe mit maximal 4 weiteren Konfis aufzubauen. Dabei soll auf äußerste Geheimhaltung geachtet werden. Unterstützend für diesen Teil sollte eine interaktive, dynamische Pausengestaltung eingeplant werden.

Nach dieser Phase sind so drei Gruppen entstanden.

Nun wird die neue Aufgabenstellung „verdeckt“ in einem Briefumschlag verteilt, und die Gruppen arbeiten jede für sich in einem separaten Raum weiter.[57] Die genauen Ausgangssituationen und Aufgabenbeschreibungen stehen in den Briefen der einzelnen Gruppen.

Der Erfolg dieser Einheit hängt davon ab, wie gut die Arbeitsatmosphäre und das Umfeld hier geschaffen werden.

AUSWERTUNG KREATIVTEIL

Nach der Gruppenarbeit wird den einzelnen Gruppen die Gelegenheit gegeben, ihre Ideen der Gruppe vorzustellen und darüber zu sprechen.

Was war gut gelungen? Wo liegen Schwierigkeiten? Was wurde nicht genug bedacht? Was denken die anderen zu den Ideen der Gruppe?

Es ist wichtig, am Ende dieses sehr intensiven Tages mit einem schweren Thema gemeinsam mit den Jugendlichen darüber zu reden und zu reflektieren, was sie erlebt haben. Wie ging es ihnen in den einzelnen Arbeitseinheiten? Wie haben sie die Stimmung in der Gruppe erlebt? Haben sie Fragen, sind sie irgendwo gedanklich stehen geblieben, was beschäftigt sie gerade?

---

57 Siehe Arbeitsblätter 4–6.

ABSCHLUSSANDACHT

Nachdem in der Auswertung der Tag mit den Konfis noch einmal reflektiert wurde und sie all ihre Vorbehalte und Meinungen äußern konnten, sollte am Schluss nur noch ein Lied gesungen werden, welches die Konfis gerne singen. Ein Segenslied bietet sich hier an, bei uns hat sich das Lied: „Möge die Straße" (SJ 67) sehr bewährt. Vorbereitend auf den nächsten Konfitag #8 bekommt jeder Konfi einen Satz auf einem kleinen Papier mit nach Hause.[58]

Ein Segen schließt diesen Konfitag ab.

FÜR ZEITSPARER

ARBEITSBLATT O

PSALM 145

Gottes ewige Güte[59]

1 Ein Loblied Davids. Ich will dich erheben, mein Gott, du König, und
deinen Namen loben immer und ewiglich. 2 Ich will dich täglich loben
und deinen Namen rühmen immer und ewiglich. 3 Der HERR ist groß
und sehr zu loben, und seine Größe ist unausforschlich. 4 Kindeskin-
der werden deine Werke preisen und deine gewaltigen Taten verkündigen. 5 Sie sollen reden von deiner hohen, herrlichen Pracht; deinen
Wundern will ich nachsinnen. 6 Sie sollen reden von deinen mächti-
gen Taten, und ich will erzählen von deiner Herrlichkeit; 7 sie sollen
preisen deine große Güte und deine Gerechtigkeit rühmen. 8 Gnädig
und barmherzig ist der HERR, geduldig und von großer Güte. 9 Der
HERR ist allen gütig und erbarmt sich aller seiner Werke. 10 Es sollen
dir danken, HERR, alle deine Werke und deine Heiligen dich loben 11

58 Siehe #8 „Man muss Gott mehr gehorchen als den Menschen."

59 Luther 2017.

und die Ehre deines Königtums rühmen und von deiner Macht reden, 12 dass den Menschenkindern deine gewaltigen Taten kund werden und die herrliche Pracht deines Königtums. 13 Dein Reich ist ein ewiges Reich, und deine Herrschaft währet für und für. Der HERR ist getreu in all seinen Worten und gnädig in allen seinen Werken. 14 Der HERR hält alle, die da fallen, und richtet alle auf, die niedergeschlagen sind. 15 Aller Augen warten auf dich, und du gibst ihnen ihre Speise zur rechten Zeit. 16 Du tust deine Hand auf und sättigst alles, was lebt, mit Wohlgefallen. 17 Der HERR ist gerecht in allen seinen Wegen und gnädig in allen seinen Werken. 18 Der HERR ist nahe allen, die ihn anrufen, allen, die ihn mit Ernst anrufen. 19 Er tut, was die Gottesfürchtigen begehren, und hört ihr Schreien und hilft ihnen. 20 Der HERR behütet alle, die ihn lieben, und wird vertilgen alle Gottlosen. 21 Mein Mund soll des HERRN Lob verkündigen, und alles Fleisch lobe seinen heiligen Namen immer und ewiglich.

ARBEITSAUFTRAG

Lest den Psalm und unterstreicht alle Stellen/Wörter, die Gottes Herrschaft beschreiben oder Gottes Herrschaft zugeordnet werden können.

ARBEITSBLATT 1

Ihr kennt das christliche Weihnachtslied „Stille Nacht, heilige Nacht“. Hier ist noch einmal der ursprüngliche Text:

Stille Nacht[60]*, heilige Nacht!*
Alles schläft, einsam wacht
nur das traute hochheilige Paar.
Holder Knabe im lockigen Haar,
Schlaf in himmlischer Ruh!
Schlaf in himmlischer Ruh!

60 EG 46.

Stille Nacht, heilige Nacht!
Hirten erst kundgemacht,
durch der Engel Halleluja
tönt es laut von fern und nah:
Christ, der Retter, ist da,
Christ, der Retter, ist da.

Stille Nacht, heilige Nacht!
Gottes Sohn, oh, wie lacht
Lieb aus deinem göttlichen Mund,
da uns schlägt die rettende Stund,
Christ, in deiner Geburt!
Christ, in deiner Geburt!
(Text: Joseph Mohr 1818; Melodie: Franz Gruber 1818)

Die Nationalsozialisten haben das Lied umgedichtet, nun lautet der Text folgendermaßen:
Stille Nacht[61]*, heilige Nacht.*
Alles schläft, einsam wacht
nur der Kanzler treuer Hut.
Wacht zu Deutschlands Gedeihen gut.
Immer für uns bedacht.

Stille Nacht, heilige Nacht.
Alles schläft, einsam wacht
Adolf Hitler für Deutschlands Geschick.
Führt uns zur Größe, zum Ruhm und zum Glück.
Gibt uns Deutschen die Macht.

Stille Nacht, heilige Nacht.
Alles schläft, einsam wacht
unser Führer für deutsches Land.
Von uns allen die Sorge er bannt.
Dass die Sonne uns lacht.
(Fritz von Rabenau, 1934)

---

61 Blumesberger, S., Antisemitische Strömungen ..., S. 432.

Fragen:

1) Welche Rolle nimmt Jesus Christus in den Liedern ein?
   a) im Originallied
   b) im umgeschriebenen Lied
2) Wie wird Adolf Hitler im zweiten Lied beschrieben?
3) Erinnert euch an den Psalm 145 vom Anfang des Tages. Entdeckt ihr Ähnlichkeiten zwischen der Beschreibung Gottes in Psalm 145 und Adolf Hitler in diesem zweiten Lied?
4) Überlegt euch, was der Sinn dieser Umdichtung war? Warum haben die Nationalsozialisten das Lied eurer Meinung nach so umgedichtet?

ARBEITSBLATT 2

EIN GLAUBENSBEKENNTNIS?

Adolf Hitler[62]!

Dir sind wir allein verbunden! Wir wollen in dieser Stunde das Gelöbnis erneuern:

Wir glauben auf dieser Erde allein an Adolf Hitler.

Wir glauben, dass der Nationalsozialismus der allein seligmachende Glaube für unser Volk ist. Wir glauben, dass es einen Herrgott im Himmel gibt, der uns geschaffen hat, der uns führt, der uns lenkt und der uns sichtbar segnet.

Und wir glauben, dass dieser Herrgott uns Adolf Hitler gesandt hat, damit Deutschland für alle Ewigkeit ein Fundament werde.

Reichsleiter Dr. Robert Ley am 10. Februar 1937

62 https://jugend1918-1945.de/portal/jugend/lexikon.aspx?typ=lexikonID&id=5156&iframe=true

Fragen zum Text vom 10.02.1937

1) Was ist für euch ein Glaubensbekenntnis?
2) Lest euch den Text genau durch, ist das ein Glaubensbekenntnis?
3) Markiert in diesem Text alle Wörter, von denen ihr glaubt, dass sie in die Kirche oder in die Sprache der Religion passen.
4) Passt eurer Meinung nach die verwendete religiöse Sprache zum Inhalt dieses Textes?
   Wenn ja, warum? Wenn nein, warum nicht?
5) Welche Rolle hat Gott in diesem Text?
6) Welche Rolle hat Adolf Hitler in diesem Text?

ARBEITSBLATT 3

WEIHNACHTSBILDER[63]

63 http://www.dorsten-unterm-hakenkreuz.de/2012/05/28/weihnachten-wurde-ideologisch-umgedeutet-alte-weihnachtslieder-bekamen-andere-texte-und-hitler-sollte-als-weltenerloser-vergottlicht-werden/

Fragen:

1) Betrachtet beide Weihnachtsbilder. Was könnt ihr erkennen?
2) Welches ist das bestimmende Element in beiden Bildern?
3) Wenn es eine christliche Weihnachtspostkarte wäre, was müsste anders sein? Was müsste im Mittelpunkt der Karte sein?
4) Warum, denkt ihr, wurde dieses Symbol für die Karte gewählt? Was soll das inhaltlich ausdrücken?
5) Versucht, eine der beiden Postkarten abzumalen, aber mit passend christlichen Motiven.

ARBEITSBLATT 4

GRUPPE 1:

Ihr seid eine Gruppe von Pfarrerinnen und Pfarrern im Jahr 1943. Ihr habt erkannt, dass das nationalsozialistische Regime religiöse Symbole für seine Zwecke und für seine Botschaft missbraucht.

Ihr merkt auch, dass zunehmend gewalttätig gegen Pfarrer*innen und Gemeindeglieder vorgegangen wird, die das so nicht hinnehmen wollen und etwas dagegen sagen.

Ihr trefft euch nun heimlich mit einigen Kolleg*innen, von denen ihr wisst, dass sie so denken wie ihr. Hier seid ihr sicher.

Ihr sucht nach einer Idee. Was könnt ihr machen, um diesen Missbrauch religiöser Symbole und die Erhöhung Hitlers oder der Fahne mit dem Hakenkreuz an Gottes Stelle zu stoppen?

Eure Idee ist:
Es gibt ganz viele Pfarrer*innen, nicht nur euch vier. Ihr wisst, es gibt auch Pfarrer*innen, die Hitler folgen, und die können euch gefährlich werden. Sie können euch sogar verraten.

Aber ihr wollt einen Brief an alle Pfarrer*innen schreiben, ihr wollt darauf hinweisen, was euch an der Übernahme der religiösen Symbole stört, und ihr wollt Verbündete finden.

Seid vorsichtig! Unter den Pfarrer*innen gibt es auch viele, die euch an Hitler verraten werden, wenn sie euren Namen wissen und was ihr genau vorhabt. Dann werdet ihr verhaftet und verurteilt.

Wie und was könnt ihr dennoch in einen Brief schreiben, damit ihr wisst, mit wie vielen anderen Pfarrer*innen ihr einen möglichen Widerstand aufbauen könnt? Schreibt solch einen Brief!

ARBEITSBLATT 5

Gruppe 2:
Ihr seid eine Gruppe von Pfarrerinnen und Pfarrern im Jahr 1943. Ihr habt erkannt, dass das nationalsozialistische Regime religiöse Symbole für seine Zwecke und für seine Botschaft missbraucht.

Ihr merkt auch, dass zunehmend gewalttätig gegen Pfarrer*innen und Gemeindeglieder vorgegangen wird, die das so nicht hinnehmen wollen und etwas dagegen sagen.

Ihr trefft euch nun heimlich mit ein paar Kolleg*innen, von denen ihr wisst, dass sie so denken wie ihr. Hier seid ihr sicher.

Ihr sucht nach einer Idee. Was könnt ihr machen, um diesen Missbrauch religiöser Symbole und die Erhöhung Hitlers oder der Fahne mit dem Hakenkreuz an Gottes Stelle zu stoppen?

Eure Idee ist:
Entwerft ein Plakat, das euren Ärger darüber zeigt, dass Hitler sich an die Stelle von Christus setzt.

Überlegt euch auch, wie und wo ihr die Plakate (oder Handzettel) verteilt.

Wenn ihr sie aufhängt und ihr dabei erwischt werdet, werdet ihr verhaftet und verurteilt. Das Gleiche gilt, wenn ihr mit den Handzetteln erwischt werdet.

Denkt auch daran, dass viele Menschen auf der Straße und selbst in eurem Bekannten- und Freundeskreis hinter Hitler und seinen Ideen stehen und euch verraten würden.

ARBEITSBLATT 6

GRUPPE 3

Ihr seid eine Gruppe von Pfarrerinnen und Pfarrern im Jahr 1943. Ihr habt erkannt, dass das nationalsozialistische Regime religiöse Symbole für seine Zwecke und für seine Botschaft missbraucht.

Ihr merkt auch, dass zunehmend gewalttätig gegen Pfarrer*innen und Gemeindeglieder vorgegangen wird, die das so nicht hinnehmen wollen und etwas dagegen sagen.

Ihr trefft euch nun heimlich mit ein paar Kolleg*innen, von denen ihr wisst, dass sie so denken wie ihr. Hier seid ihr sicher.

Ihr sucht nach einer Idee. Was könnt ihr machen, um diesen Missbrauch religiöser Symbole und die Erhöhung Hitlers oder der Fahne mit dem Hakenkreuz an Gottes Stelle zu stoppen?

Eure Idee ist:

Ihr wisst, dass ihr der Öffentlichkeit zeigen müsst, was Hitler macht und wie er die religiösen Symbole einfach für seine Zwecke missbraucht.

Was habt ihr für Ideen, wie ihr das in die Tat umsetzen könnt?

Mit welchen Mitteln erreicht ihr die Leute und macht sie darauf aufmerksam?

Aber Vorsicht! Denkt daran, was ihr hier machen wollt, ist verboten. Jeder Mann oder jede Frau könnte euch verraten! Wenn man euch erwischt, werdet ihr gefangengenommen und verurteilt.

STAAT UND KIRCHE

„MAN MUSS GOTT MEHR GEHORCHEN ALS DEN MENSCHEN“

AUF EINEN BLICK

Dieser Konfitag schließt sich inhaltlich an den Konfitag #7 „Mein Gott, du König“ an.

Die Konfis wurden am Ende des letzten Konfitages mit einem Zitat auf einem kleinen Zettel nach Hause geschickt. Diesen sollen sie zu diesem Konfitag wieder mitbringen. Es wird unmittelbar damit weitergearbeitet. So wird deutlich, dass diese Konfitage zusammengehören. Die Zeit des Nationalsozialismus als kirchengeschichtliche Epoche wird zunächst weiter betrachtet.

Wurde mit den Konfis am letzten Konfitag gemeinsam überlegt, wie sie damals in einer solchen Zeit und Situation hätten handeln können, so sehen die Konfis in dieser Einheit, wie Christen damals Widerstand geleistet haben.

Das kirchenhistorische Wissen wird ergänzt durch biblische Aussagen zum Verhältnis von Kirche und Staat und durch die Übertragung der Fragestellung auf unsere Zeit.

Dabei kann folgende Frage leitend sein: Wann soll/muss ein*e Christ*in oder die Kirche in politische Entscheidungen eingreifen?

Ein biblisch relevanter Text, wenn es um das Verhältnis von Staat und Kirche geht, ist Römer 13,1-7. Wohl kein anderer Text des NT erfuhr so eine „zentrale Bedeutung nicht nur für das Verständnis des Staates, sondern überhaupt für das politische Verhalten“[64] wie Römer 13,1-7. Er wurde innerhalb der Kirchengeschichte unterschiedlich ausgelegt und interpretiert.

Diesen Text und die Clausula Petri (Apg 5,29) erarbeiten sich die Konfis in einer Gruppenarbeitsphase an diesem Konfitag.

In der Kirchengeschichte war das Verhältnis von Kirche und Staat in den letzten 2000 Jahren weder einfach noch einheitlich.

In Deutschland bestimmt seit 1919, nach dem Ende des Ersten Weltkrieges, die Weimarer Nationalverfassung das Verhältnis von Staat und Kirche so, wie es heute noch gilt: „Es besteht keine Staatskirche“[65], und somit wird eine jahrhundertelange Verbindung von Staat und Kirche gelöst. Ein laizistischer Staat (wie Frankreich) war aber auch nicht gewollt. Die Kirche bekam den Status einer Körperschaft des „öffentlichen Rechtes“.[66]

Das bedeutet, die Religionsausübung ist nicht reine Privatsache, sondern öffentliche Angelegenheit, die aber dem Staat entzogen ist. Ulrich Schulz bezeichnete dies 1926 als „hinkende Trennung“.

Jeder totalitäre Weltanschauungsstaat (z. B. NS-Zeit oder diktatorischer Sozialismus) duldet auf seinem Territorium weder religiöse noch ideologische Autonomie. In derartiger Unterdrückung ist es von kirchlicher Seite her immer wieder nötig geworden, das Verhältnis von Kirche und Staat grundsätzlich neu zu überdenken. V. a. die Frage, ob dem Staat als der Dienerin Gottes (vgl. Röm 13) immer zu gehorchen sei und ob die Kirche aktiv gegen den Staat vorgehen darf.

---

64 Wilckens, Römer, S. 43 (Wilckens, Ulrich: Der Brief an die Römer. 3. Teilband 12–16; EKK: Evangelisch-Katholischer Kommentar zum Neuen Testament, Zürich / Neukirchen-Vluyn 1982).

65 Artikel 17 Weimarer Verfassung, in: Grundgesetz der BRD, S. 65.

66 Ebd.

Dazu zwei Beispiele:

1) **Dietrich Bonhoeffer:** „Das bedeutet eine dreifache Möglichkeit kirchlichen Handelns dem Staat gegenüber: Erstens die an den Staat gerichtete Frage nach dem legitim staatlichen Charakter seines Handelns, d.h. die Verantwortlichmachung des Staates. Zweitens der Dienst an den Opfern des Staatshandelns. Die Kirche ist den Opfern jeder Gesellschaftsordnung in unbedingter Weise verpflichtet, auch wenn sie nicht der christlichen Gemeinde zugehören. (...) Die dritte Möglichkeit besteht darin, nicht nur die Opfer unter dem Rad zu verbinden, sondern dem Rad selbst in die Speichen zu fallen."[67] Wann und unter welchen Umständen es ein kirchliches Widerstandsrecht (dem Rad in die Speichen fallen) geben sollte, wollte Bonhoeffer nicht allein entscheiden, sondern das sollte seiner Meinung nach ein „Evangelisches Konzil". Da in seiner Zeit weder ein Konzil zustande kam noch seine eindringlichen Worte Zuhörer fanden, entschied er sich für seine individuelle Teilnahme am nicht kirchlichen, militärischen Widerstand gegen das NS-Regime.[68]

2) **Luther** hat das weltliche Regiment vom göttlichen unterschieden (nicht getrennt). Während das göttliche Regiment durch den Geist der Liebe geprägt ist und im Wort Gottes und den Sakramenten gegenwärtig ist, wird der Staat durch das weltliche Regiment gelenkt, das sich zur Durchsetzung von Recht und Frieden auch des Schwertes bedient, d.h. der Ausübung staatlicher Gewalt. Christinnen und Christen leben in beiden Bereichen und sind der „Obrigkeit" Gehorsam schuldig. Dieses Modell wurde seit dem 19. Jahrhundert als „Zwei-Reiche-Lehre" bezeichnet. – Dem setzt Karl Barth in der Tradition der reformierten Theologie die These von der „Königsherrschaft Christi" entgegen, die für alle Bereiche, auch das weltliche Leben, uneingeschränkt gilt. Er richtet sich

---

67 Gremmels, Chr.: D. Bonhoeffer, Der Weg in den Wiederstand, S. 15 .

68 Vgl. ebd.

hier „insbesondere gegen die Behauptung, es sei ein von Gottes Wort in Christus verschiedenes, in seiner Art und Wirkungsweise ihm geradezu entgegengesetztes Gesetz, das Gott durch die politische Macht aufgerichtet haben wolle". Barths Ausgangspunkt ist hier, wie in seiner ganzen Theologie, dass Jesus Christus das eine Wort Gottes ist, in dem Gott sich selbst offenbart hat (vgl. Barmen II).[69] Vereinfacht zusammengefasst erhebt Christus bei Barth Anspruch auf alle Gebiete des Lebens. Das hat zur Konsequenz, dass die Christen ihre Stimme erheben können und sollen gegen jene, welche nicht diese Königsherrschaft Christi anerkennen.

Die Jugendlichen lernen an diesem Tag Dietrich Bonhoeffer als eine zentrale Figur des christlichen Widerstands kennen. Des Weiteren die Bekennende Kirche als Oppositionsbewegung zu der staatlichen Kirche „Deutsche Christen" und die Barmer Theologische Erklärung als Bekenntnis der Kirche in der damaligen Zeit, die inzwischen in manchen Landeskirchen Deutschlands den Rang einer Bekenntnisschrift hat.

Die Konfis erkennen, es gab damals, in der NS-Zeit, Widerstand von Seiten der Kirche.

Am Nachmittag dieses Konfitages wird das Thema „Kirche und Staat" in die Gegenwart übertragen, zunächst an einem kleinen Beispiel: Was ist, wenn eine Pfarrperson ein Wahlplakat der NPD übermalt und damit im juristischen Sinne beschädigt? Dieses wird mit den Konfis als fiktive Gerichtsverhandlung nachgespielt.

---

69 Vgl. Joest, W., Dogmatik, II, S. 606.

VERLAUFSPLAN

Phase	Inhalt	Medien
Beginn	Andacht	
Einstieg und Erarbeitung 1 in Gruppen	Gruppeneinteilung und Erklärung der Aufgabe des Vormittags (Handyvideo)	Zitatzettel vom letzten Konfitag
Gruppe 1	Biblische Aussagen zu Kirche und Staat „Man muss Gott mehr gehorchen als den Menschen“	Arbeitsblatt 1 Handy
Gruppe 2	Barmer Theologische Erklärung „Wir verwerfen die falsche Lehre“	Arbeitsblatt 2 Handy
Gruppe 3	Bekennende Kirche „Teneo quia teneor“ (Ich halte stand, weil ich gehalten werde)	Arbeitsblatt 3 Handy
Gruppe 4	Dietrich Bonhoeffer „Dem Rad in die Speichen fallen“	Arbeitsblatt 4 Handy
Pause		
Präsentation der Gruppenergebnisse	Die Handyvideos der Konfis werden gezeigt und besprochen.	Beamer und Technik, um die Handyvideos der Konfis für alle sichtbar zu machen.

Übertragung	Wo sind Aufgaben in unserer Gesellschaft heute, wo wir „Gott mehr gehorchen müssen als den Menschen“? – Beispiel Wahlplakat NPD	
Erarbeitung 2	Konfis bereiten sich auf gespielte Gerichtsverhandlung vor	Arbeitsblätter 5–7
Durchführung der Übertragung in 2 Gruppen	Gerichtsverhandlung spielen	
Ergebnisvergleich und Auswertung		
Abschluss	Andacht	

ANDACHT ZU BEGINN

Lieder: EG 65 Von guten Mächten treu und still umgeben
Bibeltext: Römer 13,1-7 (Volxbibel)

EINSTIEG UND GRUPPENEINTEILUNG

Der erste Teil dieses Konfitages (ca. 2 Stunden) ist geprägt von einer Erarbeitungsphase in Kleingruppen, in denen die Konfis ein kurzes Erklärvideo selbstständig erstellen.

Die Informationen, die sie dafür brauchen, bekommen sie auf den Arbeitsblättern 1–4. Es handelt sich um 4 Gruppen, die folgende 4 Themen bearbeiten und als Erklärvideo herstellen sollen:
Gruppe 1: Biblische Aussagen zum Verhältnis von Staat und Kirche
Gruppe 2: Barmer Theologische Erklärung
Gruppe 3: Bekennende Kirche
Gruppe 4: Dietrich Bonhoeffer

Die Jugendlichen haben alle ein Handy und kennen sich damit sehr gut aus. Kleine Filme zu erstellen ist für sie Normalität. Einige Konfis haben YouTube-Kanäle, sie posten auf TicToc oder anderen social media-Kanälen. Die Umsetzung dieser Aufgabe dürfte für sie keine Schwierigkeit darstellen.[70] Es sind inhaltlich komplexe Themen, allerdings auf ein Minimum an essentiellen Informationen reduziert. Der Inhalt ist für die Konfis herausfordernder als die technische Umsetzung. Bei den Handyvideos werden sie in ihrer Welt abgeholt. Das Arbeiten mit dem Handy macht ihnen Spaß, und erfahrungsgemäß entstehen hier sehr schöne und gute kleine Videos.

Bei dieser Einheit sollte im Vorfeld auf zweierlei geachtet werden:
1) Den Konfis sollte gesagt werden, dass sie zu diesem Konfitag alle ihr Handy mitbringen dürfen, weil damit gearbeitet wird.
2) Es muss für die Konfis freies WLAN verfügbar sein.

Erstens, um sich weitere Informationen zu dem Thema aus dem Internet zu besorgen. Zweitens, um das entstandene Video der Pfarrperson zu schicken, die es dann für die Gruppe sichtbar machen kann.

Die Konfis haben am Ende des letzten Konfitages kleine Zettel bekommen. Ihnen wurde gesagt, dass sie diese Zettel heute brauchen.

An Hand dieser Zettel werden nun die Gruppen eingeteilt für die folgende Gruppenarbeit. Die Gruppen sollen sich über die gleichen Zitate finden. Auf den Zetteln steht:
- „Man muss Gott mehr gehorchen als den Menschen“
- „Dem Rad in die Speichen fallen“
- „Wir verwerfen die falsche Lehre ...“
- „Teneo quia teneor“

---

70 Falls es doch eine Gruppe gibt, die in der Umsetzung mit dem Video noch nicht so gut arbeiten kann, sind in dieser Einheit Teamer*innen anwesend, die sich vorher damit beschäftigt haben und nun den Gruppen bei der technischen Umsetzung helfen können.

Jeweils 4 Konfis haben den gleichen Satz auf ihren Zetteln. Sie finden sich nun in ihren Gruppen zusammen.

Anschließend wird ihnen erklärt, dass sie in ihren Gruppen die Aufgabe bekommen, ein kurzes Handyvideo (nicht länger als 2 Minuten) zu dem Thema zu erstellen, das ihre Gruppe hat. Ihnen wird auch gesagt, dass alle Gruppen Themen zum Verhältnis von Kirche und Staat bearbeiten, mit der Grundfrage, ob und wann sich die Kirche unter Umständen auch gegen den Staat wehren kann und muss.

Eine Gruppe untersucht das an Bibelstellen, und die anderen drei an Hand von drei Beispielen aus der Zeit des Nationalsozialismus.

Alle vier Gruppen bekommen von der Leitung Arbeitsmaterialien und genauere Arbeitsanweisungen. Für das Erarbeiten des Hintergrundwissens zu ihrem Thema und für die Erstellung des Films haben sie mindestens 2 Stunden Zeit.

Die Form, in der sie das vorgegebene Thema als Video darstellen, bleibt ihnen als Kleingruppe überlassen. Hier haben die Jugendlichen eigene Interessen und Fähigkeiten.

PRÄSENTATION DER GRUPPENERGEBNISSE

Die Konfis haben den Vormittag über an ihren Handyvideos gearbeitet. Nach einer Mittagspause werden diese kurzen Videos in der Großgruppe vorgestellt.

Alle Videos bauen aufeinander auf.[71] So sind die biblischen Stellen Röm 13 und Apg 5 wegweisend für die Argumentation der Theologen während des 3. Reichs.

Die Themen „Bekennende Kirche", „Dietrich Bonhoeffer" und „Barmer Theologische Erklärung" bedingen sich gegenseitig. So war die Barmer Theologische Erklärung die Grundlage und das Bekennt-

---

71 Die Reihenfolge der Vorstellung der Videos sollte sein:
Biblische Aussagen zum Verhältnis von Kirche und Staat
Bekennende Kirche
Barmer Theologische Erklärung
Dietrich Bonhoeffer

nis der Bekennenden Kirche und Dietrich Bonhoeffer ein wichtiger Repräsentant dieser Kirche.

Die Jugendlichen lernen an diesem Vormittag, wie Teile der Evangelischen Kirche damals gehandelt haben und auf welche biblischen Texte sie sich bezogen haben.

In der folgenden Einheit wird dieses geschichtliche Wissen nun auf die Gegenwart bezogen.

ÜBERTRAGUNG

Die Übertragung dieser Thematik in die Gegenwart erfolgt mit Fragen an die Konfis in der Großgruppe. Sowohl am Vormittag als auch in der Nachmittagseinheit arbeiten die Konfis selbstständig in kleineren Gruppen.

Im Plenum werden die Ergebnisse der Kleingruppen vorgestellt und besprochen. Hier erfolgt auch die Überleitung aus der Vergangenheit in die Gegenwart. Folgende Fragen können diese Überleitung erleichtern:

- Wir haben gehört, dass es unter bestimmten Umständen für die Kirche und für Christen wichtig sein kann, sich gegen den Staat zu wehren. Welche sind das?
- Wenn wir an unsere eigene Zeit denken, erlebt ihr, dass die Kirche zu gesellschaftlichen oder politischen Fragen Stellung bezieht?
- In welche aktuellen Geschehnisse könnte sich die Kirche vielleicht noch mehr einbringen, weil es ihrem Auftrag entspricht?
- Was könnte die Kirche noch machen?
- Oder muss die Kirche aktuell nichts machen, weil wir ja nicht in einer Diktatur wie damals unter Hitler leben?
- Denkt ihr, der Staat macht seine Sache gut, und eigentlich ist alles im Moment in Ordnung?
- Wir sind alle Christen, sind wir verpflichtet, im Moment etwas zu machen?

Den meisten Konfis fällt an dieser Stelle die Flüchtlingsthematik der letzten Jahre ein. Vielleicht gibt es in ihren Gemeinden Gruppen, die sich für die Integration von Flüchtlingen einsetzen, vielleicht Kirchenasyl. Hier erkennen die Jugendlichen, wie die Kirche in staatliches Handeln eingreifen kann.

Daneben spielt das Thema „Bewahrung der Schöpfung“ eine große Rolle. Die „Fridays for Future“-Bewegung ist zwar keine kirchliche Bewegung, aber sie zeigt auf, dass viele Menschen unzufrieden sind und denken, dass der Staat hier anders handeln müsste. Gerade auch die Kirche hat durch ihre Aufgabe zur Bewahrung der Schöpfung hier eine wichtige Stimme und Aufgabe.

Erfahrungsgemäß kommen an dieser Stelle nicht viele Antworten von den Konfis. In ihrer Lebenswelt sind die politischen Äußerungen der Kirche und deren Themen nicht relevant. Das wird auch dadurch erschwert, dass kirchliche Äußerungen in der außerkirchlichen Öffentlichkeit nur eingeschränkt wahrgenommen werden.

Um das Thema „Verhältnis Kirche und Staat“ für die Konfis in die Gegenwart zu übertragen, arbeiten wir mit folgendem Beispiel:

Es ist das Jahr der Bundestagswahl. In ganz Deutschland werden Wahlplakate aufgehängt. So auch in dem fiktiven Dorf „Example“. Die Partei NPD hängt eines ihrer Plakate direkt vor die Kirche und das Gemeindehaus der Pfarrerin Engel. Es handelt sich um folgendes Plakat:

Pfarrerin Engel ärgert sich sehr darüber und beschließt, etwas dagegen zu unternehmen.

Einbeziehung der Konfis an dieser Stelle:
- Was seht ihr auf diesem Plakat?
- Was ist die NPD für eine Partei?

Den Konfis muss hier fehlendes Hintergrundwissen gegeben werden. Zunächst zur NPD und anschließend zu Luther und dem zitierten Satz von Luther. Danach werden sie weiter ermutigt, ihre Gedanken zu äußern.
- Könnt ihr euch vorstellen, was an diesem Plakat für die Pfarrerin problematisch ist?
- Wie seht ihr das? Stört euch das Plakat auch, oder ist es euch egal?
- Was könnte Pfarrerin Engel machen, wenn sie das Plakat stört?
- Was würdet ihr machen?

Wir kommen zurück zu unserem Beispiel. Pfarrerin Engel war sehr aufgebracht über dieses Wahlplakat und hat zu einem Edding gegriffen und auf das Plakat draufgeschrieben:

„Garantiert nicht!"

Damit wollte sie das Plakat ihrer Meinung nach richtigstellen. Sie war nicht der Meinung, dass Luther die NPD gewählt hätte.

Bei dieser Aktion wurde sie fotografiert, und die dabei entstandenen Bilder wurden zu der NPD weitergeleitet.

Die NPD hat eine Strafanzeige gegen die Pfarrerin gestellt wegen Sachbeschädigung nach Strafgesetzbuch (StGB) § 303 Sachbeschädigung[72].

---

72 (1) Wer rechtswidrig eine fremde Sache beschädigt oder zerstört, wird mit Freiheitsstrafe bis zu zwei Jahren oder mit Geldstrafe bestraft.

(2) Ebenso wird bestraft, wer unbefugt das Erscheinungsbild einer fremden Sache nicht nur unerheblich und nicht nur vorübergehend verändert.

(3) Der Versuch ist strafbar.

Pfarrerin Engel hat sich eine Anwältin genommen und nun geht die Anklage vor Gericht.

ERARBEITUNG DER ÜBERTRAGUNG

Nachdem mit den Konfis über diesen Fall gesprochen wurde, bekommen sie die Aufgabe, eine fiktive Gerichtsverhandlung zu diesem Fall nachzuspielen. Sie bekommen rechtliches Hintergrundwissen zur Vorbereitung. Die theologische Argumentation können sie sich mit Blick auf die Vormittagsarbeit selbst erarbeiten.

Folgende Rollen spielen hier bei der Gerichtsverhandlung mit:

- Richter (zwei Richter, zum gegenseitigen Beraten)
- Pfarrerin Engel
- Anwältin von Engel
- Kläger Herr Müller /
  gleichzeitig Zeuge und Fotograf der Bilder NPD
- Anwalt der NPD

Diese Aufgabe ist ergebnisoffen, das heißt, die Konfis sollen in dieser gespielten Gerichtsverhandlung zu einem eigenen Ergebnis kommen.

Die Gruppe wird geteilt. Beide Gruppen spielen die gleiche Gerichtsverhandlung nach, in unterschiedlichen Räumen. Im Anschluss treffen sich beide Gruppen wieder und tauschen sich aus. Zu welchem Ergebnis sind die Konfis in ihrer imaginären Gerichtsverhandlung gekommen?

Beide Gruppen bekommen ein großes Plakat mit dem Ablauf der Gerichtsverhandlung. Dieses soll ihnen zur Orientierung dienen und helfen, dass alle Parteien zu Wort kommen. Die Limitierung auf je 3 Fragen wurde bewusst gewählt, damit diese fiktive Verhandlung nicht zu lange dauert.

Wir schlagen folgenden Ablauf auf den Plakaten für die Verhandlung vor:

1) Die Verhandlung beginnt mit dem Aufruf der Sache. Anschließend stellt der Richter fest, welche Personen erschienen sind.
   Im Anschluss daran erteilt der Richter der Angeklagten, Pfarrerin Engel, den Hinweis, dass es ihr freisteht, sich zu der Anklage zu äußern oder nichts zur Sache auszusagen. Erklärt die Angeklagte sich zur Aussage bereit, wird sie zur Sache vernommen.
2) Der Richter beginnt mit der Vernehmung der Angeklagten (er darf maximal drei Fragen stellen).
3) Der Staatsanwalt stellt drei Fragen an die angeklagte Pfarrerin.
4) Die Verteidigerin richtet drei Fragen an die Angeklagte. Nach der Vernehmung der Angeklagten folgt die Beweisaufnahme.
5) Der Zeuge und Kläger wird nun vernommen, zunächst vom eigenen Anwalt.
6) Dann von der Verteidigerin von Frau Engel.
7) Anschließend erfolgen beide Plädoyers, erst vom Anwalt der NPD, dann von der Anwältin der Pfarrerin. Beide beenden ihr Schlusswort mit einem Vorschlag zum Strafmaß.
8) Hierauf erhält die Angeklagte das letzte Wort. Was sie in diesem Rahmen vorbringen will, steht ihr grundsätzlich frei.
9) Nach dem letzten Wort der Angeklagten ziehen sich beide Richter zur Urteilsberatung zurück. Anschließend erfolgt die Urteilsverkündung.

Die unterschiedlichen „Parteien“ bekommen Zeit, um sich vorzubereiten. Dafür bekommen sie Hintergrundinformationen und Hilfe auf vorbereiteten Karten.[73]

ERGEBNISVERGLEICH UND AUSWERTUNG

Nachdem beide Gruppen ihre Verhandlung gespielt haben und zu einem Urteil gelangt sind, trifft sich die Großgruppe wieder und spricht über das Erlebte. Wie haben sich die Konfis in den unterschiedlichen Rollen gefühlt? Was fiel ihnen schwer, was eher leicht? Zu welchem

---

73 Arbeitsblätter 5–7

Urteil sind die beiden Gruppen gekommen, und was war für die Richter ausschlaggebend in ihrer Urteilsfindung? Was denken die Jugendlichen über dieses Beispiel unabhängig von ihren Rollen in der gespielten Gerichtsverhandlung?

Die Plakataktion der Pfarrerin war juristisch gesehen falsch und in der Verteidigung wird der Fokus in diesem Rollenspiel auf die Einsicht der Schuld der Pfarrerin gelegt. Einem realen Beispiel folgend konnte die Pfarrerin nur so einer Geldstrafe und evtl. Vorbestrafung entgehen.

Fragen zum Weiterarbeiten könnten hier sein:
Empfinden die Jugendlichen das als ehrlich oder unehrlich?
Passend oder unpassend?
Was können die Jugendlichen machen, um auf Missstände in der aktuellen Zeit und Gesellschaft hinzuweisen?

FÜR ZEITSPARER

ARBEITSBLATT 1

GRUPPE 1

Biblische Aussagen zum Verhältnis von Kirche und Staat
„Man muss Gott mehr gehorchen als den Menschen"

Die Bibel enthält keine Lehre über das Verhältnis von Staat und Kirche. Das liegt u. a. auch daran, dass es eine kirchliche Organisation so wie heute noch nicht gab. Einige biblische Texte liefern jedoch Hinweise, wie die Gläubigen sich dem Staat gegenüber verhalten sollen. Zwei (für unseren Zusammenhang heute) interessante Texte stehen im Römerbrief 13,1-7 und in der Apostelgeschichte 5,29.

Paulus schreibt in seinem Brief an die Römer Folgendes:

Römer 13,1–7 (VolXbibel)[74]
„Wie sich Jesus-Leute dem Staat gegenüber verhalten können"
„1. Was die Regierung sagt, sollst du auch tun. Die ist nämlich nicht umsonst da, Gott hat schließlich dafür gesorgt, dass sie im Amt ist. 2. Wer die Gesetze von einem Land bricht, der ist auch Gott gegenüber unkorrekt und wird nicht so mal eben davonkommen. 3. Wer immer richtig lebt und die Gesetze befolgt, braucht auch keinen Schiss vor den Bullen zu haben. Das musst du aber, wenn du dich nicht an Regeln hältst. Darum: Mach, was für die in Ordnung geht, und du wirst einen guten Ruf bei denen haben. 4. Die Bullen sind letztlich auch nur für Gott da, und jeder hat was davon, dass es sie gibt. Wenn du aber Gesetze brichst, musst du Angst davor haben, dass man dich verfolgt und bestraft. Die Bullen sind dann im Grunde wie ein verlängerter Arm Gottes, um die zu bestrafen, die Mist bauen. 5. Es gibt also zwei Gründe, das zu tun, was die Regierungen beschließen. Einmal, um einer eventuellen Strafe zu entgehen. Zum anderen, damit du keine Schuldgefühle haben musst. 6. Das ist auch der Grund, warum es cool ist, Steuern zu bezahlen. Denn der Staat braucht ja die Kohle, damit es im Land nicht drunter und drüber geht. Bezahlt alles, wo jemand für euch arbeitet. Zahlt auch eure Steuern!

7. Jeder soll das kriegen, was ihm gehört, ob das nun das Finanzamt oder der Zoll ist. Respekt steht jedem in der Gesellschaft zu."

Paulus schreibt: Alle Christ*innen sollen machen, was das Gesetz sagt, und sich der Regierung unterordnen. Paulus nimmt die Regierung in der vorgegebenen Gestalt als von Gott bevollmächtigt an (Römer 13,1). Wer sich der Regierung widersetzt, widerstrebt der Ordnung Gottes (Römer 13,2). Neben dieser eindeutigen Anerkennung und Legitimierung der Regierung wird ab Vers 4 aber auch eine Einschränkung sichtbar. Die „Bullen sind letztlich auch nur für Gott da"(Römer 13,4), und das kommt den Menschen zugute.

---

74 An dieser Stelle haben wir uns für die Übertragung der Volxbibel entschieden, weil wir denken, dass sie in ihrer Sprache an dieser Stelle für die Jugendlichen eher verständlich ist.

Ihren Dienst leisten sie einerseits im Auftrag, andererseits unter der Aufsicht Gottes. Die staatliche Macht ist wegen der Bosheit der Menschen notwendig.

Paulus hat damals (ca. im Jahre 60 nach Christus) geglaubt, dass die Welt bald vorbei sei und das Gottes Reich kommen wird. Er sah deshalb keine Notwendigkeit, sich grundsätzlich gegen die bestehende Herrschaft aufzulehnen, denn mit dem Kommen Gottes gehört die Herrschaft allein Jesus Christus. Es war also für Paulus nur eine Frage der Zeit, bis die vorübergehende staatliche Macht aufgelöst wird und Christus herrscht.[75]

Neben der Stelle im Römerbrief gibt es noch die Stelle in der Apostelgeschichte (Apg 5,29), die sog. Clausula Petri.

Die Apostel (die Jünger Jesu) haben nach Jesu Tod, seiner Auferstehung und Himmelfahrt die Frohe Botschaft und die Lehren von Jesus weiterzählt. Das war damals verboten, und deshalb wurden sie verhaftet und ins Gefängnis eingesperrt. Ein Engel kam, befreite sie und sagte ihnen, dass sie die Botschaft von Jesus Christus trotzdem weitererzählen sollen. Das machten die Apostel. Die Machthaber verhafteten sie wieder und fragten die Apostel, ob sie ihnen nicht verboten hätten, weiter zu predigen. Da sagte der Apostel Petrus: „Man muss Gott mehr gehorchen als den Menschen."

Bei Lukas, dem Verfasser der Apostelgeschichte, haben die Christen von sich aus kein Recht, sich gegen die Regierung aufzulehnen, müssen jedoch mit deren Fehlverhalten rechnen. Dann gilt die Clausula Petri (Apg 5,29): „Man muss Gott mehr gehorchen als den Menschen." Es kann daraus aber kein generelles Widerstandsrecht geltend gemacht werden. Es besteht eine Pflicht zur Gehorsamsverweigerung, wenn der Gehorsam gegenüber staatlichen Forderungen mit dem Gehorsam gegenüber Gott in Konflikt gerät.

---

75 Dieser markierte Text kann verwendet werden, muss aber nicht. Es kommt auf die Stärke der Konfigruppe an. Können die Konfis sich den Text selbst erklären, oder brauchen sie mehr und genauere Interpretation des Römertextes?

ARBEITSAUFGABEN

1) Lest euch die Bibeltexte und Erklärung gut durch. Klärt Verständnisfragen zunächst in eurer Gruppe. Wenn euch etwas unklar bleibt, holt euch Hilfe.
2) Überlegt, wie ihr aus diesen Informationen ein kurzes (maximal 2 Minuten langes) interessantes Handyvideo erstellt, das ihr hinterher der Großgruppe zeigt und das der Gruppe erklärt, was diese beiden Bibelstellen zu dem Verhältnis von Kirche und Staat sagen und wann ein Christ sich gegen den Staat stellen darf.
   In der Gestaltung des Videos habt ihr freie Hand. Ihr könnt auch noch weitere Informationen und vor allem Bilder aus dem Internet für euer Video verwenden.

ARBEITSBLATT 2

GRUPPE 2[76] BARMER THEOLOGISCHE ERKLÄRUNG

„Wir verwerfen die falsche Lehre ..."

ZUR ERKLÄRUNG

Wir befinden uns im Jahr 1934. In Deutschland sind die Nationalsozialisten sind an der Macht.

Die Nationalsozialisten wollten, dass die Kirche macht, was sie sagen. Dabei legten sie die Bibel so aus, dass alles mit ihren Ideen übereinstimmte. Nach ihrer Lehre gab es nur einen deutschen Glauben, der die Rasse, die Nation und das Volk der Deutschen verherrlichte. Rassenreinheit wurde als Bedingung für die Mitgliedschaft in einer Kir-

76 Hier bieten sich mehrere Möglichkeiten/Schwierigkeitsgrade an. Man kann die Aufgabenstellung an die Gruppe anpassen. Man kann alle 6 Thesen untersuchen lassen, man kann die Thesen 1–3 und 4–6 in 2 Gruppen untersuchen lassen, oder man kann – wie wir es hier vorschlagen– die Thesen 1 und 5 als Beispielthesen untersuchen.

che verlangt. Statt sich um Schwache zu kümmern, sollten die Starken und Gesunden gefördert werden. Hitler wurde wie ein Messias verehrt; die Christen mussten dem Führer und seiner Partei gehorchen. Diese Gruppierung der Kirche wurde „Deutsche Christen" genannt. Aber es regte sich innerhalb der evangelischen Kirche auch Widerstand gegen diese Art der Religionsauslegung. Auf geheimen Treffen überlegte eine andere Gruppe von Pfarrern, dass sie alles aufschreiben sollten, was ihrer Meinung nach als Christ mit den Lehren der Deutschen Christen nicht vereinbar ist. Diese Pfarrer trafen sich auf einer Synode (ein Zusammentreffen vieler Pfarrer und ehrenamtlichen Christen), um ein Schriftstück zu formulieren, das sich gegen diese Lehren wandte. Dieses Treffen fand am 29. Mai 1934 in Barmen – heute ein Stadtteil von Wuppertal – statt. Deshalb nennt man das entstandene Schriftstück „Barmer Theologische Erklärung".

Die Pfarrer, die diese Erklärung schließlich maßgeblich formulierten, waren Karl Barth, Hans Asmussen und Thomas Breit. Auf ihre Formulierungen konnten sich alle einigen.

Die Barmer Theologische Erklärung hat sechs Thesen, die alle mit einem biblischen Zitat beginnen. Daran anschließend folgt ein Bekenntnissatz, der aus dem biblischen Zitat abgeleitet wird. Als Drittes folgt eine Ablehnung der falschen Ansichten der Deutschen Christen zu eben dieser Bibelstelle und dem Bekenntnis.

Alle Thesen stellen sich gegen die Lehre der Deutschen Christen und verdeutlichen, was den evangelischen Glauben wirklich ausmacht.

Die Barmer Theologie Erklärung war nicht nur 1934 und in der Zeit der Nationalsozialisten wichtig. Sie gilt bis heute, und wenn jemand evangelische*r Pfarrer*in wird, wird er/sie in einigen Landeskirchen u. a. auf diese Barmer Theologische Erklärung ordiniert, das heißt, er/sie muss versprechen, sich an ihren Inhalt zu halten.

DIE 1. UND DIE 5. THESE DER BARMER THEOLOGISCHEN ERKLÄRUNG (1934)

These	Erklärung
THESE 1 **Bibelwort:** Jesus Christus spricht: Ich bin der Weg und die Wahrheit und das Leben; niemand kommt zum Vater denn durch mich. (Joh 14,6) Wahrlich, wahrlich, ich sage euch: Wer nicht zur Tür hineingeht in den Schafstall, sondern steigt anderswo hinein, der ist ein Dieb und Räuber. Ich bin die Tür; wenn jemand durch mich hineingeht, wird er selig werden. (Joh 10,1.9) **Bekenntnissatz:** Jesus Christus, wie er uns in der Heiligen Schrift bezeugt wird, ist das eine Wort Gottes, das wir zu hören, dem wir im Leben und im Sterben zu vertrauen und zu gehorchen haben. **Ablehnung:** Wir verwerfen die falsche Lehre, als könne und müsse die Kirche als Quelle ihrer Verkündigung außer und neben diesem einen Worte Gottes auch noch andere Ereignisse und Mächte, Gestalten und Wahrheiten als Gottes Offenbarung anerkennen."	In der ersten These wird ausdrücklich bekannt, dass Gott nur durch Jesus Christus zu uns spricht. Jesus Christus ist der einzige Weg, die Wahrheit und das Leben. Da Hitler und die Nationalsozialisten aber genau diesen Anspruch für sich geltend machen wollten, kann der Nationalsozialismus nicht mit dem Glauben an Jesus Christus vereinbart werden. Adolf Hitler beanspruchte ein Totalrecht am Menschen: „Führer befiehl, wir folgen." So ein gängiger Slogan dieser Zeit. Dies galt es zu verwerfen, denn Hitler darf diesen Anspruch nicht haben. Der Einzige, der diesen Anspruch erheben kann, ist Gottes Sohn, Jesus Christus. Einen anderen Weg zu Gott und zum ewigen Leben als den Weg, den Gott uns in der Bibel und durch Jesus Christus gezeigt hat, gibt es für Christen nicht.

THESE 5

Bibelwort:
Fürchtet Gott, ehrt den König. (1. Petr 2,17)

Bekenntnissatz:
Die Schrift sagt uns, dass der Staat nach göttlicher Anordnung die Aufgabe hat, in der noch nicht erlösten Welt, in der auch die Kirche steht, nach dem Maß menschlicher Einsicht und menschlichen Vermögens unter Androhung und Ausübung von Gewalt für Recht und Frieden zu sorgen. Die Kirche erkennt in Dank und Ehrfurcht gegen Gott die Wohltat dieser seiner Anordnung an. Sie erinnert an Gottes Reich, an Gottes Gebot und Gerechtigkeit und damit an die Verantwortung der Regierenden und Regierten. Sie vertraut und gehorcht der Kraft des Wortes, durch das Gott alle Dinge trägt.

Ablehnung:
Wir verwerfen die falsche Lehre, als solle und könne der Staat über seinen besonderen Auftrag hinaus die einzige und totale Ordnung menschlichen Lebens werden und also auch die Bestimmung der Kirche erfüllen. Wir verwerfen die falsche Lehre, als solle und könne sich die Kirche über ihren besonderen Auftrag hinaus staatliche Art, staatliche Aufgaben und staatliche Würde aneignen und damit selbst zu einem Organ des Staates werden.

Hier fällt auf, es gibt eine deutliche Rangordnung: zuerst Gott fürchten, dann den König ehren. Zuerst kommt Gott.
Wenn „ehrt Gott" mit „ehrt den König" vereinbar ist, dann akzeptieren Christen grundsätzlich den Staat. Sie wollen dem König gehorchen, sie zahlen ihre Steuern usw.
Der Staat hat nämlich die Aufgabe, in der Welt, in der wir leben (noch nicht erlöste Welt) das Leben der Menschen miteinander zu ermöglichen. Er soll es allerdings nicht zerstören, so wie es im Nationalsozialismus geschieht. Barmen 5 richtet sich nun explizit gegen diese Herrschaft und den falsch verstandenen Machtanspruch der Nationalsozialisten unter Führung Adolf Hitlers.

ARBEITSAUFGABE

Lest euch die Texte und die Barmer Theologische Erklärung gut durch. Klärt Verständnisfragen zunächst in eurer Gruppe. Wenn euch etwas unklar bleibt, holt euch Hilfe.

Überlegt, wie ihr aus diesen Informationen ein kurzes (maximal 2 Minuten langes) interessantes Handyvideo erstellt, dass ihr hinterher der Großgruppe zeigt und das der Gruppe erklärt, was die Barmer Theologische Erklärung ist.

In der Gestaltung des Videos habt ihr freie Hand. Ihr könnt auch noch weitere Informationen und vor allem Bilder aus dem Internet für euer Video verwenden.

ARBEITSBLATT 3

GRUPPE 3

Bekennende Kirche „Teneo quia teneor" (Ich halte stand, weil ich gehalten werde)

DEUTSCHE CHRISTEN

Als »Deutsche Christen« bezeichneten sich alle evangelischen Kirchen in der Zeit des Nationalsozialismus (ab 1933), die grundsätzlich die Ideen Hitlers unterstützten. Hitler wiederum unterstützte die „Deutschen Christen", denn sie waren eine Kirche, die ihm folgte. Eine Anordnung Hitlers war z.B. die Anwendung des Arierparagraphen in den Kirchen. Das bedeutete, dass alle Christen mit jüdischen Wurzeln aus der Kirche ausgeschlossen werden sollten.

PFARRERNOTBUND

Nicht alle christlichen Pfarrer gehörten zu den „Deutschen Christen". Einige Pfarrer, darunter Martin Niemöller und Dietrich Bonhoeffer, gründeten in Opposition zu den „Deutschen Christen" im September 1933 den Pfarrernotbund. Dieser erklärte die Unvereinbarkeit des kirchlichen Arierparagraphen mit dem christlichen Glaubensbekenntnis und organisierte Hilfe für die Betroffenen. Bis zum Januar 1934 waren immerhin 7000 Pfarrer - ein Drittel der Geistlichen der evangelischen Kirche – dem Notbund beigetreten.

BEKENNENDE KIRCHE

Aus diesem Pfarrernotbund entwickelte sich die Bekennende Kirche. Sie verstand sich selbst als rechtmäßige Kirche und wehrte sich gegen die Ideen der „Deutschen Christen", weil viele davon im Widerspruch zu den kirchlichen Lehren standen. Die Pfarrer der Bekennenden Kirche wollten den Nationalsozialisten nicht gehorchen.

Als „Geburtsstunde" der Bekennenden Kirche gilt die Bekenntnissynode in Barmen im Mai 1934. Dort wurde die „Barmer Theologische Erklärung" als ihr theologisches Fundament verabschiedet. Sie stellt klar, dass Jesus Christus das einzige Fundament der Kirche ist, und macht deutlich, dass der Staat die Bibel nicht für seine Zwecke und Ideen auslegen darf. Diese Auseinandersetzung um den wahren Glauben innerhalb der Kirche und um das Verhältnis von Staat und Kirche im „Dritten Reich" bezeichnet man als KIRCHENKAMPF.

Nach 1934 bildeten sich viele sogenannte Bekenntnisgemeinden der Bekennenden Kirche, die von BRUDERRÄTEN geleitet wurden. In der Bekennenden Kirche gab es also nicht nur eine Leitung (wie bei den Deutschen Christen), sondern die Gemeinden leiteten sich weitestgehend selbst. Sie lehnten die offizielle Kirchenleitung ab und wandten sich damit auch gegen den nationalsozialistischen Staat.

ARBEITSAUFGABEN

Lest euch die Texte zur Bekennenden Kirche gut durch. Klärt Verständnisfragen zunächst in eurer Gruppe. Wenn euch etwas unklar bleibt, holt euch Hilfe.

Überlegt, wie ihr aus diesen Informationen ein kurzes (maximal 2 Minuten langes) interessantes Handyvideo macht, das ihr hinterher der Großgruppe zeigt und das der Gruppe erklärt, wer/was die „Bekennende Kirche" war und was sie gemacht hat?

In der Gestaltung des Videos habt ihr freie Hand. Ihr könnt auch noch weitere Information und vor allem Bilder aus dem Internet für euer Video verwenden.

ARBEITSBLATT 4

GRUPPE 4:
BONHOEFFER: DEM RAD IN DIE SPEICHEN FALLEN

Dietrich Bonhoeffer war ein Pfarrer in Deutschland während der Zeit des Nationalsozialismus.

Er hat sich aktiv gegen das Hitlerregime gestellt. Er war sogar an einem Versuch beteiligt, Hitler zu töten. Aber darf ein Pfarrer das überhaupt? Einen anderen Menschen töten und offen etwas gegen den Staat sagen?

Dietrich Bonhoeffer wurde einmal gefragt, wie er das als Christ mit seinem Glauben vereinen konnte, und er sagte:

„Wenn ein Wahnsinniger auf dem Kurfürstendamm sein Auto über den Gehweg steuert, so kann ich als Pastor nicht nur die Toten beerdigen und die Angehörigen trösten; ich muss hinzuspringen und den Fahrer vom Steuer reißen, wenn ich eben an dieser Stelle stehe.“[77]

ZUR PERSON DIETRICH BONHOEFFER

Dietrich Bonhoeffer wird 1906 als Sohn eines Psychiatrie-Professors in Breslau geboren und wächst mit sieben Geschwistern im Berliner Stadtteil Grunewald auf. Ungewöhnlich schnell kommt er an der Berliner Universität (mit seinem Studienfach Theologie) voran. Mit 21 Jahren ist er promoviert, mit 24 habilitiert, mit 25 Privatdozent. Schon früh warnt er vor den Gefahren des Nazi-Regimes. In einer Berliner Rundfunk-Rede spricht er bereits zwei Tage nach der Machtübernahme der Nationalsozialisten 1933 davon, dass der „Führer“

---

77 Gremmels/Grosse: Dietrich Bonhoeffer. Der Weg in den Widerstand, Gütersloh 1996, S. 11.

zum „Verführer“ werden könne. Im April 1933 erwägt er, unter dem Eindruck der Judenverfolgung, die Möglichkeit, „nicht nur die Opfer unter dem Rad zu verbinden, sondern dem Rad selbst in die Speichen zu fallen“. Doch nur wenige Kirchenleute folgen dem jungen und kompromisslosen Nazi-Gegner in dieser Einschätzung.

Nach anderthalb Jahren als Auslandspfarrer in London tritt Bonhoeffer 1935 in den Dienst der „Bekennenden Kirche“, die sich gegen das Vordringen der Nazis in der Kirche gebildet hatte. Dort wird er Leiter eines Predigerseminars für angehende Pastoren in Pommern.

1940 schließt er sich einer Widerstandsgruppe im deutschen militärischen Geheimdienst an. Bonhoeffer führt nun ein riskantes Doppelleben. Offiziell ist er Reiseagent der „Abwehr“. Tatsächlich aber weiht er im Ausland kirchliche Mittelsmänner in die Putschpläne gegen Hitler ein. Am 5. April 1943 wird Bonhoeffer verhaftet. In seiner Gefängniszelle in Berlin-Tegel erfährt er vom misslungenen Attentat seiner Mitverschwörer am 20. Juli 1944 auf Hitler. Dort schreibt er sein berühmtes Gedicht „Von guten Mächten wunderbar geborgen“. Kurz vor Kriegsende wird er im Gefängnis hingerichtet.

DEM RAD IN DIE SPEICHEN FALLEN

„Dem Rad in die Speichen fallen“: so heißt ein schmales Büchlein, das auf einen Vortrag Bonhoeffers zurückgeht, den er 1933 in Berlin hielt. Hier geht es um das Verhältnis von „Kirche und Staat“.

Bonhoeffer sagt, die Kirche hat kein Recht, sich Macht über den Staat anzueignen, sie dürfe sich andererseits aber auch nicht aus der Politik heraushalten, wenn der Staat grundlegende Menschenrechte verletzt. Wenn der Staat das macht, dann hat die Kirche drei Möglichkeiten zu handeln. Diese sind:

1) Die Kirche kann zum einen den Staat für seine Handlungen verantwortlich machen.

   Ihre Aufgabe besteht darin, den Staat an seine Verpflichtungen zu erinnern; das schließt den klaren Widerspruch in den Fällen ein, in welchen der Staat seine Verantwortung dadurch verletzt, dass er ein Zuwenig oder ein Zuviel an Ordnung und Recht schafft.

2) Die Kirche kann den Opfern staatlichen Fehlverhaltens beistehen; es geht also darum, diejenigen zu retten und zu schützen, die unter staatlichen Pflichtverletzungen zu leiden haben. Es geht um stellvertretendes Handeln, wir können sagen: um ihre Diakonie.
3) Auf der dritten Ebene geht es um unmittelbares politisches Handeln der Kirche.
   Dieses Verhalten der Kirche muss dann in Kraft treten, wenn es um den Angriff auf Menschenleben oder um Verbrechen gegen die Menschlichkeit geht. Dann bezieht sich die Pflicht zur aktiven Einmischung nicht nur auf den einzelnen Glaubenden, sondern auf die Kirche als Gemeinschaft der Glaubenden.
   Dann besteht die Aufgabe der Kirche (laut Bonhoeffer) darin, „nicht nur die Opfer unter dem Rad zu verbinden, sondern dem Rad selbst in die Speichen zu fallen".[78] Solches Handeln wäre unmittelbar politisches Handeln der Kirche und ist nur dann möglich und gefordert, wenn die Kirche den Staat in seiner Recht und Ordnung schaffenden Funktion versagen sieht.

ARBEITSAUFGABE

Lest euch die Texte zu Bonhoeffer und „dem Rad in die Speichen fallen" gut durch. Klärt Verständnisfragen zunächst in eurer Gruppe. Wenn euch etwas unklar bleibt, holt euch Hilfe.

Überlegt, wie ihr aus diesen Informationen ein kurzes (maximal 2 Minuten langes) interessantes Handyvideo erstellt, das ihr hinterher der Großgruppe zeigt und das der Gruppe erklärt, wer Dietrich Bonhoeffer war und was der Ausdruck „dem Rad in die Speichen fallen" mit ihm zu tun hat und was er bedeutet.

In der Gestaltung des Videos habt ihr freie Hand. Ihr könnt auch noch weitere Informationen und vor allem Bilder aus dem Internet für euer Video verwenden

---

78 Ebd.

ARBEITSBLATT 5

HANDLUNGSKARTEN FÜR DEN KLÄGER HERRN MÜLLER UND SEINEN ANWALT

KARTE 1

Euch ist wichtig, dass in dieser Sache hart durchgegriffen wird. Ähnliches erlebt ihr oft, dass Wahlplakate der NPD abgerissen oder übermalt werden. Das ist eine Straftat! Folgerichtig muss es auch so bestraft werden. Wir leben in einer Demokratie! Gleiches Gesetz für alle! Auch für eine Pfarrerin. Von einer Pfarrerin hätte man so ein kriminelles Verhalten am wenigsten erwartet. Sie sollte besser eine Vorbildrolle einnehmen.

Die Angriffe auf eure Plakate kosten euch immer Geld. Ihr müsst sie neu machen. Außerdem nützt euch jeder Streit, in dem ihr zeigen könnt, dass ihr Opfer seid, und der euch kostenlos in die Medien bringt.

KARTE 2

- Überlegt euch drei Fragen an die Pfarrerin, die eure Position untermauern.
- Überlegt euch drei Fragen an Herrn Müller, die eure Position untermauern.

KARTE 3

Rechtliche Möglichkeit 1 zum Strafmaß: Das Verfahren wird wegen Geringfügigkeit eingestellt:

Wäre die „Schuld als gering anzusehen" und besteht „kein öffentliches Interesse an der Strafverfolgung", kann ein Ermittlungsverfahren durch die Staatsanwaltschaft ohne Weiteres eingestellt werden, § 153 Abs. 1 StPO. Sobald ein Gericht mit dem Vorgang befasst ist, müssen die Staats-

anwaltschaft aber nunmehr auch der Angeschuldigte ausdrücklich zustimmen, § 153 Abs. 2 StPO[79]. Diese Variante wird häufig als Einstellung „wegen Geringfügigkeit" bezeichnet.

KARTE 4

RECHTLICHE MÖGLICHKEIT 2: VERURTEILUNG WEGEN SACHBESCHÄDIGUNG NACH § 303

(1) Wer rechtswidrig eine fremde Sache beschädigt oder zerstört, wird mit Freiheitsstrafe bis zu zwei Jahren oder mit Geldstrafe bestraft.

(2) Ebenso wird bestraft, wer unbefugt das Erscheinungsbild einer fremden Sache nicht nur unerheblich und nicht nur vorübergehend verändert.

(3) Der Versuch ist strafbar.

KARTE 4B

FESTSETZUNG DES STRAFMASSES WEGEN SACHBESCHÄDIGUNG

Bei einer Verurteilung muss noch ein Strafmaß festgelegt werden: Eine einfache Sachbeschädigung StGB wird nach § 125 StGB[80] mit einer Geldstrafe bis zu 360 Tagessätzen oder einer Freiheitsstrafe bis zu 6 Monaten bestraft. Dabei wird bei Ersttätern meist die Sachbeschädigung Strafe als Geldstrafe ausgesprochen.

Die Geldstrafe wird in Deutschland in Tagessätzen bemessen.

Ganz einfach formuliert beträgt ein Tagessatz die Summe, die der Richter fair findet im Vergleich zum Verdienst des Angeklagten mal die Anzahl der Tagessätze. Die Anzahl der Tagessätze setzt auch der Richter fest, eine höhere Anzahl bescheinigt eine höhere Schuld.

Beispiel: 30 Tagessätze (Anzahl) × 20 Euro (Höhe)= 600 Euro Geldstrafe.

---

79 https://www.gesetze-im-internet.de/stpo/__153.html

80 https://dejure.org/gesetze/StGB/303.htmtl.html

KARTE 5

Überlegt euch gute Schlussargumente und eine Zusammenfassung eures Anliegens (Plädoyer) für den Anwalt. Mit diesen Worten wollt ihr den Richtern eure Sicht der Dinge deutlich machen. Es ist hier eine Straftat vor dem Gesetz verübt worden. Dementsprechend muss es auch bestraft werden!

Überlegt euch eine Strafmaßfestsetzung, die ihr den Richtern am Ende eures Plädoyers empfehlt.

ARBEITSBLATT 6

HANDLUNGSKARTEN FÜR DIE ANWÄLTIN UND PFARRERIN ENGEL

KARTE 1

Euch ist wichtig, dass dieser Vorfall eine absolute Ausnahme darstellt und dass die Pfarrerin so etwas noch nie zuvor gemacht hat. Sie bereut, ihre Verärgerung über das Plakat auf diese Weise ausgedrückt zu haben. Es war für sie und ihren Glauben nicht hinnehmbar. Sie findet auch, dass solch ein Plakat vor der Kirche und dem Gemeindehaus völlig fehl am Platz ist. Es würde einen falschen Eindruck von ihrem Glauben abgeben. Sie bittet darum, solche Plakate nicht mehr in unmittelbarer Nähe zur Kirche und des Gemeindehauses aufzuhängen.

Den entstandenen Schaden für das Plakat (30 Euro) ist sie bereit zu zahlen.

Da also die Schuld eingestanden wird und es sich um eine absolut kleine Straftat handelt, bittet ihr um Einstellung des Verfahrens.

KARTE 2

- Überlegt euch drei Fragen an die Pfarrerin, die eure Position untermauern.
- Überlegt euch drei Fragen an Herrn Müller, die eurer Position helfen können.

KARTE 3

RECHTLICHE MÖGLICHKEIT 1 ZUM STRAFMASS: DAS VERFAHREN WIRD WEGEN GERINGFÜGIGKEIT EINGESTELLT:

Wäre die „Schuld als gering anzusehen" und besteht „kein öffentliches Interesse an der Strafverfolgung", kann ein Ermittlungsverfahren durch die Staatsanwaltschaft ohne Weiteres eingestellt werden, § 153 Abs. 1 StPO. Sobald ein Gericht mit dem Vorgang befasst ist, müssen die Staatsanwaltschaft, aber nunmehr auch der Angeschuldigte ausdrücklich zustimmen, § 153 Abs. 2 StPO. Diese Variante wird häufig als Einstellung „wegen Geringfügigkeit" bezeichnet.

KARTE 4

RECHTLICHE MÖGLICHKEIT 2: VERURTEILUNG WEGEN SACHBESCHÄDIGUNG NACH § 303

(1) Wer rechtswidrig eine fremde Sache beschädigt oder zerstört, wird mit Freiheitsstrafe bis zu zwei Jahren oder mit Geldstrafe bestraft.
(2) Ebenso wird bestraft, wer unbefugt das Erscheinungsbild einer fremden Sache nicht nur unerheblich und nicht nur vorübergehend verändert.
(3) Der Versuch ist strafbar

KARTE 5

Überlegt euch eine gute Schlussargumentation und eine Zusammenfassung eures Anliegens (Plädoyer) für die Anwältin. Mit diesen Worten wollt ihr den Richtern eure Sicht der Dinge deutlich machen. Es war falsch, die Pfarrerin bereut es. Es war das erste und einzige Mal, dass die Pfarrerin so etwas gemacht hat. Eigentlich ist es geringfügig, es ist kein großer Schaden entstanden.

Überlegt euch eine Straftatfestsetzung, die ihr den Richtern am Ende eures Plädoyers empfehlt.

ARBEITSBLATT 7

HANDLUNSKARTEN FÜR DIE BEIDEN RICHTER

KARTE 1

Ihr eröffnet als Richter die Verhandlung:
„Guten Tag. Heute verhandeln wir die Klage von Herrn Müller gegen Frau Pfarrerin Engel. Es besteht der Tatvorwurf der Sachbeschädigung.

Ich mache darauf aufmerksam, dass es der Angeklagten freisteht, sich in dieser Sache zu äußern oder nicht auszusagen. Wollen Sie sich heute äußern oder nicht, Frau Engel?

KARTE 2

Überlegt euch 3 Fragen, die ihr der Pfarrerin zur Sachlage stellt. Ihr seid die Ersten, die sie in der Gerichtsverhandlung befragen. Was ist für euch wichtig, um hinterher ein gerechtes Strafmaß zu finden?
Zum Beispiel:

Weiß die Pfarrerin, dass es falsch ist? Würde sie es noch mal machen?
Bereut sie es? Was waren ihre Motive dafür? Hat sie so etwas schon einmal gemacht?

KARTE 3

RECHTLICHE MÖGLICHKEIT 1 ZUM STRAFMASS: DAS VERFAHREN WIRD WEGEN GERINGFÜGIGKEIT EINGESTELLT

Wäre die „Schuld als gering anzusehen“ und besteht „kein öffentliches Interesse an der Strafverfolgung“, kann ein Ermittlungsverfahren durch die Staatsanwaltschaft ohne Weiteres eingestellt werden, § 153 Abs.1 StPO. Sobald ein Gericht mit dem Vorgang befasst ist, müssen die Staatsanwaltschaft, aber nunmehr auch der Angeschuldigte ausdrücklich zustimmen, § 153 Abs. 2 StPO. Diese Variante wird häufig als Einstellung „wegen Geringfügigkeit“ bezeichnet.

KARTE 4

RECHTLICHE MÖGLICHKEIT 2: VERURTEILUNG WEGEN SACHBESCHÄDIGUNG NACH § 303

(1) Wer rechtswidrig eine fremde Sache beschädigt oder zerstört, wird mit Freiheitsstrafe bis zu zwei Jahren oder mit Geldstrafe bestraft.

(2) Ebenso wird bestraft, wer unbefugt das Erscheinungsbild einer fremden Sache nicht nur unerheblich und nicht nur vorübergehend verändert.

(3) Der Versuch ist strafbar.

KARTE 4B

FESTSETZUNG DES STRAFMASSES WEGEN SACHBESCHÄDIGUNG

Bei einer Verurteilung muss noch ein Strafmaß festgelegt werden: Eine einfache Sachbeschädigung StGB wird nach § 125 StGB mit einer Geldstrafe bis zu 360 Tagessätzen oder einer Freiheitsstrafe bis zu 6 Monaten bestraft. Dabei wird bei Ersttätern meist die Sachbeschädigung Strafe als Geldstrafe ausgesprochen.

Die Geldstrafe wird in Deutschland in Tagessätzen bemessen.

Ganz einfach formuliert beträgt ein Tagessatz die Summe, die der Richter fair findet im Vergleich zum Verdienst des Angeklagten mal die Anzahl der Tagessätze. Die Anzahl der Tagessätze setzt auch der Richter fest, eine höhere Anzahl bescheinigt eine höhere Schuld.

Beispiel: 30 Tagessätze (Anzahl) × 20 Euro (Höhe)= 600 Euro Geldstrafe.

KARTE 5

Macht euch während der Verhandlung Stichpunkte und vergleicht hinterher eure Stichpunkte. Versucht euch bei der Urteilsfindung nicht von eurer eigenen Meinung leiten zu lassen, sondern von dem Gesetz und von dem, was ihr in der Verhandlung gehört habt. Kann es mildernde Umstände geben? Oder muss von einer besonderen Schwere der Schuld ausgegangen werden (z. B. weil die Pfarrerin das immer wieder macht)?

MIGRATION UND GEFLÜCHTETE

„WAS IHR GETAN HABT EINEM VON DIESEN MEINEN GERINGSTEN BRÜDERN, DAS HABT IHR MIR GETAN“

AUF EINEN BLICK

Das Jahr 2015 war eine Zäsur in der deutschen Geschichte. Mit vorher unvorstellbarer Wucht waren die Ergebnisse globaler Migrationsbewegung bis in kleine Provinzstädte und Dörfer zu spüren. Wochenlang bestimmten diese Ereignisse die Schlagzeilen in den Medien und wurden auch privat teilweise kontrovers diskutiert.

Der unmittelbare Kontakt der Jugendlichen zu Flüchtlingen ist oft gegeben. Sie gehen gemeinsam in die Schule, in die gleiche Kirchengemeinde, begegnen sich in der Stadt oder in Vereinen. Oft erleben die Konfis auch negative Reaktionen gegenüber Flüchtlingen bis hin zu physischen und psychischen Übergriffen.

Wie reagiert hier die Kirche als Großorganisation und als konkrete Kirchengemeinde vor Ort?

Die Frage, die sich in den letzten Konfitagen durchgezogen hat, war, wann und warum die Kirche sich in gesellschaftlichen und politischen Diskussionen zu Wort melden muss. Dieser Thementag ist ein aktuelles Beispiel dafür.

Ausgehend von biblischen Fluchtgeschichten wird untersucht, warum Menschen fliehen, wie Gott sich ihnen gegenüber verhält und welche biblischen Texte für unseren Umgang mit Flüchtlingen wichtig sind.

Die Jugendlichen erkennen, dass Migration und Flucht keine neuzeitlichen Phänomene sind. Sie sind so alt wie die Menschheit. Auch die Bibel spiegelt diese Erfahrungen vielfach wider. Beginnend mit der Vertreibung Adams und Evas aus dem Paradies, weiter mit ihrem Sohn Kain, der nach dem Mord an seinem Bruder rechtlos durch die Welt irrt. Das Fluchtthema setzt sich bei den Erzvätern fort, spielt in der Geschichte Israels als wanderndes Gottesvolk eine große Rolle und betrifft biblische Figuren zu allen Zeiten.

In der Bibel stehen Flüchtlinge unter dem besonderen Schutz Gottes. Zu ihrer Hilfe und Unterstützung wird aufgerufen.[81] Auch Jesus und seine Eltern sind Flüchtlinge gewesen.[82]

Jesus selbst stellt in der Endzeitrede, in Matthäus 25,31-46, deutlich vor Augen, wie Christen sich gegenüber Fremden, Hungrigen und Nackten zu verhalten haben.

Neben den biblischen Fluchtgeschichten und den Fluchtursachen werden in dieser Unterrichtseinheit aktuelle Fluchtgeschichten und aktuelle Fluchtursachen mit den Konfis besprochen. Die Fluchtursachen sind ähnliche – damals und heute (Krieg, Vertreibung, Hunger, politische, religiöse oder familiäre Verfolgung).

In den biblischen Geschichten sehen wir, dass Gott den Flüchtlingen beisteht, sie begleitet und ihnen hilft. In den aktuellen Fluchtgeschichten hingegen haben wir eher den Eindruck, dass Gott das Leid und das Elend der Flüchtlinge nicht hört. Wo ist Gott hier? Eine wichtige Erkenntnis dieses Tages ist es, dass Gott durch uns handelt. Wenn Gott durch uns handelt, dann kann Gott bei den Flüchtlingen sein und ihnen beistehen und helfen.

---

81 Vgl. u. a. Ex 22,20 oder Lev 19,34.

82 Vgl. Mt 2,13ff.

VERLAUFSPLAN

Phase	Inhalt	Medien
Beginn	Andacht	AB 1–5
Erarbeitung 1	Gruppenarbeit zu biblischen Fluchtgeschichten. Fünf biblische Fluchtgeschichten werden mit Hilfe von fünf Bibelauslegungsmethoden bearbeitet.	
Ergebnissicherung 1	Gruppen stellen ihre Ergebnisse vor / Fluchtursachen, und wo ist Gott?	Großes Blatt/ PowerPoint für Ergebnissicherung
Erarbeitung 2	Gruppenarbeit zu aktuellen Fluchtgeschichten mit ähnlichen Fragen wie in der Erarbeitung 1	
Ergebnissicherung 2 und Weiterführung	Vorstellen der Ergebnisse / Fluchtursachen, und wo ist Gott? Wer hilft an Gottes Stelle? Matthäus 25	Bibel Großes Blatt für Ergebnissicherung
Diskurs zu zwei aktuellen Themen	2 aktuelle Beispiele – Kirchenasyl – Rettungsschiff / Sea-Watch 4 Pro und Contra	4 große Pappen (Beamer)
Mittagspause		
Faktenwissen & Übergang	Quiz	Quizfragen
Kreativarbeit	„Christus hat keine Hände, nur unsere, um seine Arbeit heute zu tun."	Blanko-Postkarten Malutensilien
Abschlussandacht		

ANDACHT

- Bibeltext: Matthäus 25,31-46
- Lieder: When Israel was in Egypt's land (SJ 104)
- Brich mit den Hungrigen dein Brot (EG 420)

ERARBEITUNG 1

Es gibt viele Geschichten in der Bibel, die von Flucht handeln. Wir haben folgende ausgewählt:

- Jakob (Gen 27,41-45 und Gen 31,1-6)
- Elia (1. Kön 19,1-7)
- Moses und das Volk Israel (Ex 3,1-10)
- Josef und Maria mit dem Jesuskind (Mt 2,13-15)
- Israel in Gefangenschaft im fremden Land (Ps 126)

Diese Texte wurden ausgewählt, weil sie alle unterschiedliche Gründe für eine Flucht benennen und weil in allen Geschichten Gott aktiv eingreift. Beides ist für den weiteren Verlauf des Konfitages von Bedeutung. Es wird später im Bezug zu den aktuellen Fluchtgeschichten ebenfalls auf die Fluchtgründe geschaut und auf das Eingreifen Gottes. Beides kann so miteinander in Beziehung gesetzt werden.

Die fünf biblischen Fluchtgeschichten werden mit fünf unterschiedlichen Methoden zur Bibelauslegung für Jugendliche erarbeitet (siehe AB 1–5).

In allen Gruppen sollen die gleichen Fragen zu der biblischen Geschichte beantwortet werden:

- Wer flieht in der Geschichte?
- Warum flieht er in dieser Geschichte?
- Was passiert auf der Flucht?
- Wie endet die Geschichte?
- Was macht Gott in dieser Geschichte?

ERGEBNISSICHERUNG 1

Die Konfis stellen ihre Ergebnisse an Hand der vorgegebenen Fragen dem Plenum vor.

Auf einem extra Blatt / PowerPoint werden die unterschiedlichen Fluchtursachen der biblischen Geschichten festgehalten und visualisiert. Diese sind: Krieg, politische, religiöse oder familiäre Verfolgung, Sklaverei.

Auf einem weiteren Blatt / PowerPoint wird beschrieben, wo und wie Gott in den Fluchtgeschichten anwesend ist und den Geflüchteten hilft. Gott spielt in allen fünf biblischen Fluchtgeschichten eine entscheidende Rolle. Er spricht entweder direkt oder indirekt (durch Engel) zu den Menschen und sagt ihnen, was sie machen sollen. Er ist unterwegs mit den Flüchtlingen und lässt sie nicht aus den Augen. Er hilft ihnen. Er ist ihre Hoffnung.

Diese Ergebnisse werden später mit den aktuellen Fluchtgeschichten verglichen.

ERARBEITUNG 2

An dieser Stelle lernen die Konfis aktuelle Fluchtgeschichten kennen. Hier ist es besonders effektiv und interessant, wenn auf möglichst authentische Beispiele aus dem Heimatort zurückgegriffen werden kann.

Gibt es Flüchtlinge, die z. B. für die Zeitung oder auch die Kirchengemeinde ihre Fluchtgeschichten aufgeschrieben haben? Gibt es Flüchtlinge, die in der Gemeinde Kontakt haben, vielleicht die Gottesdienste besuchen und die den Konfis von ihrer Flucht erzählen können und wollen?

Wenn es vor Ort keine Ansprechpersonen gibt, kann auf das Internet oder Buchquellen[83] zurückgegriffen werden. Die Konfis können in kleineren Gruppen selbst im Internet nach Fluchtgeschichten suchen, oder es kann folgende Geschichte verwendet werden, die von einem Flüchtling in Brandenburg 2015 aufgeschrieben wurde:

---

83 Ein sehr gutes Buch in diesem Zusammenhang ist z. B.: „Bestimmt wird alles gut“ von Kirsten Boie und Jan Birck aus dem Jahr 2016.

Ein Flüchtlingsschicksal, 2014/2015 Deutschland[84]

Du bist 29 Jahre alt, hast eine Frau, zwei Kinder und einen Job. Du kommst über die Runden, kannst dir auch mal was leisten und lebst in einem Häuschen am Rande der Stadt.

Plötzlich ändert sich die politische Lage in deinem Land, und ein paar Monate später stehen Soldaten vor deinem Haus und vor den Häusern deiner Nachbarn.

Sie sagen, wenn du nicht für sie kämpfst, erschießen sie dich.

Der Nachbar weigert sich. Ein Schuss! Das war's.

Auf einmal hörst du einen Einschlag. Dein Haus hat kein Wohnzimmer mehr.

Ihr rennt raus und seht, dass die ganze Straße zerstört ist.

Kein Stein steht mehr auf dem anderen.

Du bringst deine Familie zurück ins Haus und rennst an die Stelle, an der das Haus deiner Eltern stand. Es ist nicht mehr da, deine Eltern auch nicht.

Du siehst dich um und entdeckst einen Arm mit dem Ring deiner Mutter am Finger.

Der Rest deiner Eltern ist nicht mehr auffindbar.

Du denkst jetzt nicht mehr nach. Du rennst nach Hause und rufst, deine Frau soll die Kinder anziehen. Du schnappst dir eine kleine Tasche, denn mehr könnt ihr auf die Dauer nicht tragen, und packst das Nötigste. Nur je zwei Kleidungsstücke pro Kopf passen in die Tasche.

Was nimmst du mit?

Du wirst deine Heimat vielleicht nicht wieder sehen.

Deine Familie nicht, deine Nachbarn, deine Arbeitskollegen …

Aber wie sollst du in Kontakt bleiben?

Hektisch wirfst du das Smartphone und das Ladekabel in die Tasche.

Dann von jedem ein paar Klamotten, etwas Brot und das Lieblingskuscheltier deiner kleinen Tochter.

Für den Notfall, denn man hat es kommen sehen, hast du etwas Geld bereits zusammengekratzt.

Durch deinen recht gut bezahlten Job konntest du etwas zur Seite legen. Pro

---

84 Diese Geschichte haben wir in Rahmen unserer Flüchtlingsarbeit bekommen, im Herbst 2015. Sie steht stellvertretend für unzählige Schicksale von Flüchtlingen.

Kopf kostet der nette Schlepper von nebenan 5000 Euro. Du hast 15.000. Wenn du Glück hast können alle mit. Wenn nicht, musst du dich von deiner Frau trennen. Du liebst sie und betest, dass sie euch alle mitnehmen. Spätestens jetzt bist du vollkommen blank und hast nichts mehr. Nur deine Familie und die Tasche. Die Flucht bis zur Landesgrenze dauert zu Fuß zwei Wochen. Du hast Hunger und seit einer Woche kaum etwas gegessen. Du bist schwach, genau wie deine Frau. Aber Hauptsache die Kinder haben genug. Sie weinen die ganzen zwei Wochen über. Die Hälfte der Zeit musst du deine kleine Tochter tragen. Sie ist erst 21 Monate alt. Nach weiteren zwei Wochen seid ihr am Meer. Ihr werdet mitten in der Nacht mit 100en anderer Flüchtlinge auf ein Schiff geladen. Du hast Glück, deine ganze Familie darf mit. Das Schiff ist so voll, dass es zu kentern droht.

Du betest, dass ihr nicht ertrinkt. Die Leute um dich herum weinen, schreien. Ein paar kleinere Kinder sind verdurstet. Die Schlepper werfen sie über Bord. Deine Frau sitzt teilnahmslos in einer Ecke. Sie hat zwei Tage nichts getrunken. Als die Küste in Sicht ist, werdet ihr auf Boote verteilt. Deine Frau und deine Kleinste auf eins, und du und die große Tochter auf das daneben. Ihr werdet ermahnt, die Klappe zu halten, damit euch niemand kommen hört. Deine Große versteht das. Deine Kleine im Nebenboot nicht.

Sie hört nicht auf zu weinen. Die anderen werden nervös. Sie halten deine Frau an, das Kind ruhig zu halten. Sie schafft es nicht.

Einer der Männer packt deine Tochter, entreißt sie deiner Frau und wirft sie über Bord.

Du springst hinterher, aber findest sie nicht mehr. Nie mehr.

In 3 Monaten wäre sie 2 Jahre alt geworden.

Wie du, deine Frau und deine große Tochter es an Land geschafft haben, weißt du nicht mehr. Alles ist wie in Watte gepackt. Deine Frau hat seit dem Tod eurer Tochter nicht mehr gesprochen. Deine Große hat seitdem das Kuscheltier der Kleinen auf dem Arm und ist völlig apathisch.

Du musst durchhalten. Ihr seid gleich in der Notunterkunft angekommen.

Es ist 22 Uhr. Ein Mann, dessen Sprache du nicht sprichst, führt dich in eine Halle mit Feldbetten. Dicht an dicht stehen sie, es sind 500 Betten. In der Halle ist es stickig und laut.

Du versuchst dich zu orientieren. Zu verstehen, was die Menschen dort von dir verlangen. Aber eigentlich kannst du kaum noch stehen. Eigentlich wünschst du dir fast, sie hätten dich erschossen. Stattdessen packst du deine Habseligkeiten aus:
Je zwei Teile für jeden und dein Smartphone. Dann verbringst du die erste Nacht in einem sicheren Land. Am nächsten Morgen wird Kleidung an euch verteilt. Auch Markenklamotten sind unter den Spenden. Und ein Spielzeug für deine Tochter. Du bekommst 140 Euro für einen ganzen Monat.
Draußen im Hof hältst du in deinen neuen Klamotten dein Smartphone in die Luft und hoffst auf Empfang. Du musst wissen, wer aus deiner Stadt noch lebt.
Dann kommt ein „besorgter Bürger“ vorbei und beschimpft dich.
Du weißt nicht, wieso. Du verstehst was von „zurück in dein Land“. Bruchstücke von „Smartphone“ und „Alles in den Arsch gesteckt“ bekommst du noch mit.
Irgendwer konnte es übersetzen.

ERGEBNISSICHERUNG 2 UND WEITERFÜHRUNG

Im Anschluss an diese Fluchtgeschichte/n werden mit den Jugendlichen die gleichen Fragen wie bereits vorher zu den biblischen Fluchterzählungen besprochen:

1) Wer flieht in dieser Geschichte?
2) Warum flieht er in dieser Geschichte und vor wem?
3) Was passiert auf der Flucht?
4) Wie endet die Geschichte?
5) Was macht Gott in dieser Geschichte?

Die Fluchtursachen werden im Plenum auf dem gleichen Blatt / PowerPoint aufgeschrieben wie bereits die biblischen Fluchtursachen, allerdings zur Unterscheidung in einer anderen Farbe. Auffallen sollte, dass die Fluchtursachen in der Bibel und aktuell ähnlich sind. Es handelt sich um Flucht vor Kriegen, religiöse, politische oder familiäre Verfolgung oder um eine Hungersnot.

Auf einem weiteren Blatt / PowerPoint wird, wie bei den biblischen Fluchtgeschichten, die Rolle Gottes aufgeschrieben.

Hier fällt auf, dass Gott in den aktuellen Fluchtgeschichten nicht aktiv eingreift und hilft, im Gegensatz zu den biblischen Fluchtgeschichten.

Das wird mit den Konfis thematisiert. Wie verhält sich Gott heute? Wieso ist er nicht bei den Flüchtlingen, so wie früher in den biblischen Geschichten? Es wird gemeinsam überlegt, wer da ist, um den Flüchtlingen zu helfen? Der Staat, Hilfsverbände, Caritas, Diakonie. Auch Kirchengemeinden helfen.

An dieser Stelle ist es wieder gut, in der Gemeinde vor Ort oder den Nachbargemeinden zu schauen, welche konkrete Hilfe hier für Flüchtlinge geleistet wird.

Warum macht die Kirche das? Warum hilft sie Flüchtlingen? Auch über diese Fragen sollte mit den Jugendlichen gesprochen werden. Welche Ideen haben sie zu diesen Fragen.

Zu Beginn des Konfitages wurde der biblische Text Matthäus 25,31–46 in der Andacht vorgelesen. An diesen wird nun noch einmal erinnert, und er wird noch einmal gelesen.

Anschließend werden die Jugendlichen gefragt, ob dieser Text eine Antwort auf die Frage geben kann, warum Christen, warum die Kirche Flüchtlingen hilft?

Neben vielfältigen Hilfsangeboten in den einzelnen Kirchengemeinden gibt es auch zwei größere Projekte der evangelischen Kirche. Diese werden mit den Jugendlichen besprochen. Beide Themen sind innerkirchlich nicht unumstritten.

DISKURS ZU ZWEI AKTUELLEN THEMEN

Das erste Thema ist das Kirchenasyl, das andere Thema ist die Unterstützung der EKD für das Rettungsschiff „Sea-Watch 4".

Beide Themen werden mit den Jugendlichen betrachtet, und gemeinsam werden sowohl Pro- als auch Contra-Argumente dazu besprochen. Zunächst werden beide Themen den Konfis kurz vorgestellt, da sie ihnen nicht weiter vertraut sein dürften.

KIRCHENASYL

Kirchenasyl bedeutet eine vorübergehende Aufnahme von Flüchtlingen durch eine Kirchengemeinde, um eine drohende Abschiebung der Flüchtlinge zu verhindern. Das geschieht aber nur, wenn andernfalls durch ihre Abschiebung eine Gefahrensituation an Leib und Leben droht.

Das Kirchenasyl schafft Zeit für eine erneute Überprüfung der Fluchtursache. Die Kirchengemeinde stellt den Flüchtlingen Wohnraum zur Verfügung und ist für die materielle Unterstützung (Essen, Kleidung …) zuständig. Ein Kirchenasyl sollte immer von vielen Menschen aus der Gemeinde getragen und begleitet werden.

Hier lohnt es sich, einen kleinen Filmbeitrag mit den Konfis anzuschauen. Zum Beispiel:

„Kirchenasyl – Rechtsbruch oder Akt der Barmherzigkeit". Dauer: ca. 3 Minuten (Reportage aus dem ARD Mittagsmagazin vom 2015)

Zu finden auf: https://www.youtube.com/watch?v=2jK9agLe-Fo

In vielen Kirchengemeinden gibt/gab es Kirchenasyle; hier ist es gut, Gemeindeglieder aus der Gemeinde einzuladen, die ein Kirchenasyl begleitet haben, und sie von ihren Erfahrungen berichten zu lassen.

SEA-WATCH 4

Auf dem evangelischen Kirchentag 2019 in Dortmund haben die Kirchentagsbesucher die Entsendung eines Schiffes der EKD ins Mittelmeer gefordert. Sie sahen, dass viele Menschen auf ihrer Flucht im Mittelmeer sterben. Unter dem Motto „United4Rescue" haben sich viele Gruppen (hauptsächlich mit christlichem Hintergrund) zusammengeschlossen und einen Spendenaufruf gestartet, um ein Rettungsschiff zu finanzieren. Dieses wurde 2020 gekauft und ist im August 2020 das erste Mal ausgelaufen. Das Ziel dieses Schiffes „Sea-Watch 4" ist es, Leben zu retten und darauf aufmerksam zu machen, dass die staatliche, europäische Seenotrettung eingestellt wurde. Die zu rettenden Personen sollen in Europa ein faires Asylverfahren erhalten.

Kritik zu diesem Schiff kommt von vielen Seiten, auch aus der Kirche selbst. Einige Menschen denken z. B., dass mit solch einem Rettungsschiff die Fluchtpraktiken der Schlepper noch unterstützt werden.

Für die Besprechung dieser beiden Themen werden zunächst Argumente gesammelt. Damit sich möglichst alle Konfis beteiligen, wird folgende Erarbeitungsform gewählt:

In die 4 Ecken des Raumes werden große Pappen gelegt. Folgendes steht auf den Pappen:

1) Was spricht deiner Meinung nach für Kirchenasyl?
2) Was spricht deiner Meinung nach gegen Kirchenasyl?
3) Was spricht deiner Meinung nach für dieses Rettungsschiff?
4) Was spricht deiner Meinung nach gegen dieses Rettungsschiff?

Die Jugendlichen sollen nun durch den Raum gehen und auf die Plakate ihre eigene Meinung schreiben. Sie können auch schriftlich auf vorherige Meinungen auf den Plakaten Bezug nehmen. Sie dürfen allerdings nichts von anderen durchstreichen.

Im Anschluss wird im Plenum auf diese Argumente eingegangen. Auf die Contra-Argumente sollte in einem anschließenden Gruppengespräch zuerst eingegangen werden. Hier ist große Sensibilität gefragt. Gerade die Contra-Argumente müssen ernst genommen werden, da sie viele Ängste und Vorurteile beinhalten können, über die gesprochen werden sollte.

Es gibt bei diesen beiden Themen keine richtigen oder falschen Antworten, sondern es gibt unterschiedliche Standpunkte. Auch das ist wichtig, den Jugendlichen zu vermitteln.

FAKTENWISSEN UND ÜBERGANG

Nachfolgend finden sich ein paar Fragen, sowohl zu aktuellen Zahlen und Daten[85] der Flüchtlingsdiskussion als auch aus biblischen Fluchterzählungen.

Dieses Quiz kann gut nach der Mittagspause gespielt werden, aber auch an anderen Stellen des Tages eingebaut werden.

---

85 Zahlen und Daten sind entnommen von den Seiten:
https://www.uno-fluechtlingshilfe.de/
https://medeor.de/de/

Frage	Antwort
Schätzt, wie viele Menschen im Jahr 2019 weltweit auf der Flucht waren?	knapp 80 Millionen Menschen (mehr als 1 % der Weltbevölkerung)
Wie lange wanderte das Volk Israel durch die Wüste? (4. Mose 14,33)	40 Jahre lang
Von den 80 Millionen Flüchtlingen sind knapp die Hälfte „Binnenflüchtlinge“. Was bedeutet „Binnenflüchtling“?	Menschen fliehen aus ihrem Heimatort in eine andere Gegend ihres eigenen Landes, von dem sie sich vorerst Sicherheit versprechen (z. B. vor Bürgerkrieg).
Welches sind die Länder, aus denen die meisten Menschen fliehen? (Stand 2019/2020)	Syrien, Venezuela, Afghanistan, Süd-Sudan und Myanmar
An welcher Stadt am Fluss saßen die verschleppten Israeliten und weinten? (Psalm 137,1)	Babel
Welche Länder nehmen am meisten Flüchtlinge auf?	Türkei, Kolumbien, Pakistan, Uganda, Deutschland
Vor wem floh der Prophet Jona? Jona 1,3	vor Gott
Wieviel Prozent der Flüchtlinge sind unter 18 Jahre alt (Stand 2019/2020)?	40 %
Was steht in 2.Mose 22,20	„Einen Fremdling sollst du nicht bedrücken und bedrängen; denn ihr seid auch Fremdlinge in Ägypten gewesen.“

Wie viel % der Flüchtlinge leben in Regionen, in denen akute Ernährungsunsicherheit und Unterernährung herrscht?	80 %
Warum musste Mose aus Ägypten nach Midian fliehen? 2.Mose 2,12	Weil er einen Ägypter getötet hat.
Wie viel % der Flüchtlinge weltweit kommen nach Europa?	Weniger als 4 %

KREATIVARBEIT

Nach einem sehr intensiven, inhaltsreichen Vormittag wird in der letzten Einheit nun kreativ gearbeitet.

Die Jugendlichen haben an diesem Tag viel über Flüchtlinge und deren Schicksale gehört. Sie haben auch gehört, dass die Kirche und jeder einzelne Christ den Auftrag hat zu helfen, damit es allen Menschen gut geht.

Ein Zitat aus einem alten Gebet wird den Konfis ausgeteilt:

„Christus hat keine Hände, nur unsere Hände, um seine Arbeit zu tun."

Im Plenum wird gemeinsam überlegt, was das bedeuten könnte, allgemein und speziell in Bezug zum Thema „Flüchtlinge".

Die Konfis bekommen die Aufgabe, eine Postkarte zu gestalten, auf der dieser Spruch steht. Dazu können sie entweder etwas malen, ein passendes Foto machen, eine Collage aus dem Internet erstellen ...

Schön wäre es, diese Postkarte für einen konkreten Grund zu gestalten. Auch das hängt wieder sehr von den Gegebenheiten in der eigenen Gemeinde ab.

Gibt es zum Beispiel Flüchtlingsinitiativen in der Gemeinde oder dem Ort, dann sollte diese Karte als Werbung dafür gestaltet werden.

Die fertig gestalteten Postkarten werden in die Kirche, z. B. an eine Wäscheleine gehängt, so dass auch die Gemeinde diese Karten sehen kann.

ABSCHLUSSANDACHT

Gebet[86] aus dem 4. Jahrhundert
Christus hat keine Hände, nur unsere Hände,
um seine Arbeit heute zu tun.
Er hat keine Füße, nur unsere Füße,
um Menschen auf seinen Weg zu führen.
Christus hat keine Lippen, nur unsere Lippen,
um Menschen von ihm zu erzählen.
Er hat keine Hilfe, nur unsere Hilfe,
um Menschen an seine Seite zu bringen.
Quelle: unbekannt

FÜR ZEITSPARER

ARBEITSBLATT 1

METHODE: TEXTLÖSCHEN

Bibelstelle: Genesis 27,41-45 und Genesis 31,1-6
Einführungstext zu Genesis 27,41-45 und Genesis 31,1-6
Isaak und Rebecca hatten Zwillingssöhne: Esau und Jakob.
Esau war der Ältere, und eigentlich gehörten ihm das Erstgeburtsrecht und der Erstgeburtssegen des Vaters. Beides hat sich Jakob hinterlistig geklaut. Nun ist Esau sauer auf Jakob.

86 Entnommen: https://www.kirche-im-swr.de/?page=beitraege&id=16395

ARBEITSAUFGABEN

1) Lies dir die Bibeltexte und die Einführung dazu aufmerksam durch. Streiche danach aus den Bibeltexten mit einem schwarzen Stift alle (deiner Meinung nach) für die Geschichte nicht so wichtigen Informationen durch. Anschließend vergleiche deinen Text mit den Texten der anderen Gruppenmitglieder.
2) Ihr sollt nach der Gruppenarbeit eure Bibelgeschichte kurz den anderen Gruppen erzählen. Macht dies an Hand folgender Fragen:
   a) Wer flieht in dieser Geschichte?
   b) Warum flieht er in dieser Geschichte und vor wem?
   c) Was passiert auf der Flucht?
   d) Wie endet die Geschichte?
   e) Was macht Gott in dieser Geschichte?

Mögliche Antwort:
Jakob flieht aus Angst um sein Leben (Fluchtursache: familiärer Konflikt). Nachdem er seinen älteren Bruder Esau um den Erstgeburtssegen betrogen hat, flieht er zur Verwandtschaft nach Mesopotamien und kehrt erst viele Jahre später zurück.

Gott ist während der Flucht bei Jakob und sagt ihm, wann er zurückkehren soll.

ARBEITSBLATT 2

METHODE: WHATSAPP-NACHRICHT VON ELIA

Bibelstelle: 1. Könige 19,1–7

Einführungstext zu 1. Könige 19,1–7
Elia war ein Prophet. Er hat einige Wunder vollbracht und verkündet, dass Gott der einzige Gott ist und dass Baal (ein Gott, den die Menschen damals angebetet haben) kein Gott ist.

Bei einer Machtprobe zwischen Elia und den Baalspropheten gewinnt Elia, und daraufhin tötet das Volk, auf Elias Anweisung hin, 450 Baalspropheten.

Die Königin Isebel, eine Anhängerin Baals, will Elia deshalb töten lassen.

ARBEITSAUFGABEN

1) Lies dir die Geschichte (1. Könige 19,1-7 plus Einführungstext) aufmerksam durch. Schreibe danach eine WhatsApp-Nachricht aus der Sicht von Elia, was ihm in dieser Geschichte passiert ist. Elia schickt diese Nachricht an einen guten Freund. Fasse dich kurz, aber erwähne alles Wichtige!
   Vergleicht hinterher eure WhatsApp-Nachrichten von Elia in der Gruppe.
2) Ihr sollt nach der Gruppenarbeit eure Bibelgeschichte kurz den anderen Gruppen erzählen. Macht dies an Hand folgender Fragen:
   a) Wer flieht in dieser Geschichte?
   b) Warum flieht er in dieser Geschichte und vor wem?
   c) Was passiert auf der Flucht?
   d) Wie endet die Geschichte?
   e) Was macht Gott in dieser Geschichte?

Mögliche Antwort:
Elia floh vor Isebel (politische/religiöse Vorfolgung) und will vor lauter Verzweiflung sterben. Ein Engel Gottes kommt zu ihm, stärkt ihn mit Brot und Wasser und ermutigt ihn, den Weg weiterzugehen.

ARBEITSBLATT 3

METHODE: SEI EIN ONLINEJOURNALIST

Bibelstelle: Exodus 3,1–10

Einführungstext:
Der Auszug des Volkes Israel aus Ägypten ist ein sehr wichtiger Text für den Glauben des Volkes Israels und seine Beziehung zu Gott.

Die Israeliten waren bereits jahrhundertelang als Sklaven in Ägypten und wurden unterdrückt.

Dann erschien Gott dem Moses in einem brennenden Busch (siehe Bibeltext). Gott gibt Moses den Auftrag, das Volk aus der Sklaverei aus Ägypten herauszuführen. Nach vielen Hindernissen gelingt die Flucht. Insgesamt wandert das Volk anschließend 40 Jahre lang durch die Wüste. Obwohl es sich oft beschwert, bleib Gott immer bei den Israeliten. Während der Wüstenwanderung gab Gott ihnen die 10 Gebote, er versorgte sie mit Essen und Trinken und zeigte ihnen den Weg in die versprochene Zukunft (in Form einer Wolken- und Feuersäule).

ARBEITSAUFGABEN

1) Lies dir die Geschichte (Exodus 3,1–10 plus Einführung) aufmerksam durch. Schreibe diese Geschichte als Journalist eines Onlineportals. Deine Überschrift soll die User unbedingt animieren, auf den Link zu klicken. Vergleicht hinterher eure Reportagen in der Gruppe.
2) Ihr sollt nach der Gruppenarbeit eure Bibelgeschichte kurz den anderen Gruppen erzählen. Macht dies an Hand folgender Fragen:
   a) Wer flieht in dieser Geschichte?
   b) Warum flieht er in dieser Geschichte und vor wem?
   c) Was passiert auf der Flucht?
   d) Wie endet die Geschichte?
   e) Was macht Gott in dieser Geschichte?

Mögliche Antwort:

Gott erscheint Moses in einem brennenden Dornbusch. Mose bekommt von Gott den Auftrag, sein Volk aus der Sklaverei aus Ägypten zu führen. Sie „fliehen" also aus der Sklaverei (Unterdrückung). Das Volk wandert dann 40 Jahre lang durch die Wüste auf der Flucht. Gott wandert mit, ist da und zieht mit seinem Volk – ein wandernder Gott –: eine vierzig Jahre währende Migrationsgeschichte.

ARBEITSBLATT 4

METHODE: EIN BILD OHNE REDEN

Bibelstelle: Matthäus 2,13–15

ARBEITSAUFGABEN

1) Ihr kennt alle die Weihnachtsgeschichte. Jesus wird in Bethlehem geboren, und nach den Hirten und den Engel kommen auch die Heiligen Drei Könige und bringen Geschenke zum Jesuskind. Schon hier erfährt man, dass König Herodes gehört hat, dass ein neu geborener König der Juden zur Welt gekommen ist. Er will dieses Kind finden und töten lassen, damit er seine Macht nicht abgeben muss.
   Lest euch die Geschichte (Matthäus 2,13–15) aufmerksam durch. Malt anschließend als Gruppe ein gemeinsames Bild dazu. Malt, ohne zu reden. Ihr dürft euch nicht absprechen, wer was malt, malt miteinander im Stillen diese Geschichte auf ein Blatt.
2) Ihr sollt nach der Gruppenarbeit eure Bibelgeschichte kurz den anderen Gruppen erzählen. Macht dies an Hand folgender Fragen:
   a) Wer flieht in dieser Geschichte?
   b) Warum flieht er in dieser Geschichte und vor wem?
   c) Was passiert auf der Flucht?
   d) Wie endet die Geschichte?
   e) Was macht Gott in dieser Geschichte?

Mögliche Antwort:
Maria und Josef fliehen mit ihrem Baby Jesus aus Bethlehem nach Ägypten, weil der Engel Gottes es Josef gesagt hat. Herodes will das Baby töten (Fluchtursache: politische Verfolgung).

Wo ist Gott: Er sendet einen Engel, um Jesus zu retten, und fordert seine Eltern zur Flucht auf.

ARBEITSBLATT 5

METHODE: MEIN BIBELWORT

Bibelstelle: Psalm 126

Einführung:
Jerusalem wurde im Jahr 597 v. Chr. von den Babyloniern nach einem Krieg erobert. Sie haben dann viele Menschen aus Israel und Judäa nach Babylon verschleppt. Dort mussten sie nun leben und sich anpassen. Einer von diesen verschleppten Gefangenen schrieb diesen Psalm.

ARBEITSAUFGABEN

1) Lies dir Psalm 126[87] aufmerksam durch.
2) Suche dir einen Satz aus diesem Psalm aus, der dich besonders anspricht. Schreibe ihn ab und gestalte ihn dabei künstlerisch aus. Sprecht anschließend in der Kleingruppe darüber, warum ihr diesen Satz für euch ausgewählt habt.
3) Ihr sollt nach der Gruppenarbeit euren Psalm kurz den anderen Gruppen vorstellen. Macht dies an Hand folgender Fragen:
   a) Was hat dieser Psalm mit Flucht zu tun?
   b) Welche Hoffnungen hat der Psalmbeter?
   c) Welche Rolle spielt Gott in diesen Hoffnungen?

---

87 Der Psalm hat andere Voraussetzungen als die Bibelgeschichten; das spiegelt sich auch in den Fragen der Arbeitsaufgaben wider.

Mögliche Antwort:
Dieser Psalm wurde aus der Sicht eines Israeliten in babylonischer Gefangenschaft geschrieben. 597 v. Chr. eroberten die Babylonier Jerusalem. Die Eroberung dauerte bis 539 v. Chr. Die Babylonier haben große Teile der Bevölkerung Israels und Judäas nach Babylon deportiert. Der 126. Psalm beschreibt nun die Hoffnung auf Rückkehr aus diesem Exil mit und durch die Hilfe Gottes.

KONFI ONLINE

„DENN WO ZWEI ODER DREI VERSAMMELT SIND IN MEINEM NAMEN“

AUF EINEN BLICK

Die Corona-Pandemie (2020/2021) markiert einen Wendepunkt in der Gemeindearbeit. Mit dem Verbot von persönlichen Gruppentreffen und Arbeitsformen sowie der zeitweisen Schließung der Kirchen begann eine intensive Suche nach alternativen Formen. Digitale Arbeitsformen waren ein vielfach benutzter Ausweg.

Zwar waren vorher bereits vereinzelt digitale Angebote in der kirchlichen Jugendarbeit vorhanden, aber bei Weitem nicht flächendeckend oder bestimmend.

Nun sah man sich mit einem Mal gezwungen, hauptsächlich digital zu arbeiten. Für die Jugendlichen stellt dies ein wesentlich kleineres Problem dar als für viele Pfarrer*innen oder Jugendmitarbeiter*innen.

Mittlerweile gibt es einige gute digitale Angebote und Formate, Apps und Ideen für Konfiarbeit.

Wir wollen an dieser Stelle zwei unterschiedliche Projekte vorstellen, die wir durchgeführt haben und die übertragbar auf andere Gemeinden sind. Sie zeigen an konkreten Beispielen auf, was machbar ist und wie es umgesetzt werden kann. Die Beispiele lassen sich beliebig auf andere Themen übertragen und ausweiten.

Konfiarbeit online funktioniert gut, da die Jugendlichen mit digitalen Medien in ihrer Freizeit spielen und kommunizieren und mittlerweile auch schulisch viel digital gearbeitet wird.

Dennoch wäre es sehr schade und es würde ein großer Teil der Konfizeit fehlen, gäbe es zumindest zusätzlich keine analogen Angebote. Die Begegnung und der persönliche Austausch sind fundamentale Elemente für gelingende Konfiarbeit. Die persönliche Verortung in der Gemeinde, das Miteinander, die Gespräche, das gemeinsame Singen und Beten können in einer Konfigruppe nicht 1:1 ins Digitale übertragen werden.

PROJEKT 1: JUGENDGOTTESDIENST ONLINE

In unserem Kirchenkreis (Oderland-Spree) gibt es einmal im Monat einen Jugendgottesdienst. Vorbereitet wird er von Jugendpfarrer*innen und Teamer*innen. Dieser Jugendgottesdienst (United) entstand, um übergemeindlich ein ansprechendes Gottesdienstformat für Jugendliche anzubieten. Dieser Gottesdienst findet monatlich, sonntags, 17–19 Uhr an wechselnden Orten des Kirchenkreises statt.

Kennzeichnend ist eine offene liturgische Struktur, die viele Veranstaltungsformate unter einem Label stattfinden lassen kann.[88]

Die Musik wird von einer Band gespielt, die sich aus den an diesem Sonntag verfügbaren Mitgliedern (Jugendliche und Hauptamtliche) zusammensetzt. Die Musik des UNITED wird an diesem Tag erarbeitet und erprobt.

Dann kam Corona, und alles musste umgedacht werden. Auf den „UNITED“ verzichten wollte keiner, zumal gerade in dieser Zeit der Zusammenhalt, der Austausch und das Nicht-alleine-gelassen-Werden mit seinen Ängsten und Sorgen wichtig für die Jugendlichen war.

Der „UNITED“ ging also online und wurde jetzt sogar wöchentlich gefeiert!

---

88 So gab es schon Kinoabende, Fußballturniere und Spieleabende unter dem Label „United“.

Folgende Themen haben sich gut für den Online-UNITED geeignet:
- UNITED @Home
- Picknick
- Österliches aus aller Welt
- Warten
- Spielen
- Füreinander da Sein
- Kantate – miteinander und füreinander Musik machen

Im Folgenden werfen wir einen Blick auf den Ablauf eines Online-UNITED:

REGIEANWEISUNGEN ZU BEGINN

Dieser Online-Jugendgottesdienst wurde mit Zoom übertragen. Zugleich wurde er auf Facebook live gestreamt. Die Einladungen zu diesem Gottesdienst kamen über E-Mail zu den Jugendlichen, und ebenso war der Code auf Facebook zu finden.

Während des Gottesdienstes hatten die Mitwirkenden untereinander Mobilfunkverbindung (WhatsApp oder Messenger), falls das Internet ausfällt und um miteinander zu kommunizieren.

Pro Gottesdienst gibt es zwei Verantwortliche für Ablauf und Technik.

Der/die Erste achtet darauf, dass nur die Mikrofone der Sprecher*in oder Musiker*in, die gerade dran sind, freigeschaltet sind. Alle anderen werden automatisch stumm geschaltet. Des Weiteren ist diese Person dafür zuständig, dass über ihren Bildschirm alle Video- und Musikeinspieler (die vorher für diesen GD produziert wurden) über Zoom mit allen anderen geteilt werden.

Die zweite Person hat den Ablauf im Blick und schickt jedem/r Mitwirkenden, kurz bevor er/sie an der Reihe ist, eine kurze Erinnerungsnachricht. Der Chat, der parallel zum Gottesdienst läuft, wird ebenfalls von dieser Person moderiert.

Solch ein Projekt ist unserer Erfahrung nach auch nur von zwei oder mehreren Verantwortlichen zu meistern.

BEISPIEL ONLINE-GOTTESDIENST ZUM THEMA: PICKNICK

Beginn 17 Uhr, Treffen aller Mitwirkenden 15.45 Uhr, technische und inhaltliche Absprachen.

Ablauf	Inhalt	Technisches
16.45 Countdown		
17.00 Begrüßung	Herzlich willkommen und „Guten Appetit“, Thema heute: Picknick mit Gott. Es gibt wieder Lieder zum Genießen und Mitsingen, ein paar Gedanken, eine kleine Aktion, kulinarische Tipps vom United-Team und eine Gebetszeit. Ihr dürft gerne nebenher knabbern, Kaffee schlürfen, macht es euch bequem auf der Terrasse, im Sessel, lasst es euch gut gehen. Chatfunktion bei Zoom und Facebook, gerne schon aktivieren, brauchen wir nachher für eine kleine Aktion und dann beim Gebet. Und nun lasst uns Gottesdienst feiern. Das	

	tun wir im Namen des Vaters und des Sohnes und des Heiligen Geistes. Amen. Ich lade euch ein zum Gebet: Guter Gott, wir sind hier online zusammengekommen, um eine Pause vom Alltag zu haben, um ein Picknick mit dir zu genießen. Wir wollen Kraft und Mut tanken für die neue Woche. Stärke uns durch deinen Geist. Segne uns und unsere Gemeinschaft hier im Gottesdienst. Amen. Lieder anmoderieren	
Lied 1 Lied 2 Lied 3		Die Lieder wurden vorher aufgenommen und an dieser Stelle abgespielt, am besten mit dem eingespielten Liedtext. Die Gottesdienstteilnehmer*innen werden während der Lieder auf „stumm“ gestellt, so kann man die Musik am besten hören, und alle können laut zu Hause mitsingen.

Kurzpredigt mit Impulsen zu Matthäus 14,13–21 Speisung der 5000	– Lesung des Bibeltextes – Der Mensch lebt nicht vom Brot allein	
Lied		Vorher aufgenommen und an dieser Stelle abgespielt.
Picknick Zeit	Anmoderation	
Fragen „Was ist dir lieber beim Picknicken?“	– Picknick-Korb oder McDonald's? – Decke oder Wiese? – Kuchen oder Sandwich? – Familie oder Freunde? – Mit 4 oder 20 Personen? – Nil, Boot oder Eiffelturm? – Berggipfel oder Meer?	Umfrage, Bildschirm teilen Bei Zoom hat man die Möglichkeit, im Vorfeld zu dem Meeting eine Umfrage zu erstellen. Diese kann man dann während des Gottesdienstes für alle sichtbar machen und die Teilnehmer auch interaktiv teilnehmen lassen. Die Ergebnisse werden ebenfalls für alle sichtbar angezeigt.

Video 1	Wie macht man Bärlauch-Pesto?	Die Rezeptvideos 1 und 2 werden ebenfalls (wie die Lieder) im Vorfeld aufgezeichnet und an dieser Stelle abgespielt. Es sind kurze Videos (2 Minuten), in denen Jugendliche oder Teamer*innen ihr Lieblingsessen vorstellen.
Frage 1	– Mit welcher berühmten Person (tot/lebendig) würdest du gerne picknicken?	Chat Hier findet ein Gespräch miteinander statt. Vielleicht reihum, oder wer gerne möchte, oder es gibt auch die Möglichkeit, in Kleingruppen zu gehen.
Video 2	Wie macht man eine Quiche?	Siehe Video 1 – vorher aufgenommen
Frage 2	Wenn du wüsstest, Gott kommt zum Picknick, was packst du ein?	Chat So wie in Frage 1
Zusammenfassung		
Lied		Kerze anzünden

Gebet und Vater Unser		
Segen		
Lied	Schön, dass ihr dabei wart ..., Einladung zum nächsten Sonntag. Mikro frei zum Gespräch untereinander.	

Nach dem Online-Gottesdienst (der ca. eine Stunde dauert) sind die Mikrofone alle offen, und die Jugendlichen, die noch miteinander reden wollen, können dies nun gerne hier machen. Sie können sich persönlich über die Chatfunktion unterhalten oder als Gruppe noch über ein Thema weiterreden. Dieser offene Austausch ist wichtig für das Gemeinschaftsgefühl, gerade weil dieses während der Coronazeit oft zu kurz kam.

PROJEKT 2: KONFIKURS ONLINE, WEIHNACHTSPROJEKT

Konfizeit online hat völlig andere Voraussetzungen als die klassische Konfizeit. Alles muss hier neu bedacht werden, angefangen bei den Terminen und der Dauer der Konfizeit.

Favorisieren wir sonst (analog) den Konfitag einmal im Monat für 5 Stunden, so ist dies für Online-Konfizeit viel zu lange. Die Aufmerksamkeitsspanne ist nicht zu halten, und Sozialformen wie Gruppenarbeit oder auch Exkursionen können so nicht stattfinden.

Ein Format, das sich gut bewährt hat, ist 1–1½ Stunden pro Woche Online-Konfizeit. Zeitlich sind wir im Moment an einem Wochentag abends um 19 Uhr, weil da alle Konfis zu Hause waren. Wir nutzen

Zoom[89], hier muss aber jede Gemeinde ihre eigene Plattform finden, die ihr ein angenehmes Arbeiten ermöglicht.

Für die einzelnen Stunden ist es hilfreich, immer einen ähnlichen Ablauf zu haben, z. B.:

1) Ankommensrunde: Jede*r sagt in einem Satz, was sie/ihn in der letzten Woche besonders gefreut hat und was ihn/sie gerade beschäftigt.
2) Hauptteil: Ggf. Aufgabe vom letzten Mal vergleichen und Thema der Sitzung.
3) Lied (vorher aufgenommen und an dieser Stelle eingespielt. Idealerweise mit sichtbarem Text zum Mitsingen).
4) Abschlussgebet: Guter Gott, der Tag ist vergangen. Vor uns liegt die Nacht. Vielen Dank für alles, was du uns an diesem Tag hast begegnen lassen. Die Stunden gehen so schnell dahin. Lass uns still werden und bedenken, was heute wichtig war. An Gutem und Schlechtem.
   (Pause zum Nachdenken)
   Gott, aus deiner Hand kommt alles, und du hilfst uns in allem, was schwer für uns ist. Lass uns deine Liebe erkennen, jeden Tag. Sei bei uns und bei allen, die wir lieben.
   Lass uns Ruhe finden in der Nacht.
5) Vater Unser
6) Segen

Ein gleichbleibender Ablauf schafft Ruhe, Vertrautheit und gibt auch einen zeitlichen Rahmen.

Gerade wenn es nur eine kurze Einheit ist (1–1½ Stunden), ist es gut, diese Stunde in einen größeren Zusammenhang, in ein größeres Projekt, einzubauen. So können sich sowohl Konfis als auch Pfarrer*in besser orientieren. Ein Projekt umfasst mehrere Wochen (ca. 6–12 Wochen).

---

89 Anfängliche Bedenken wegen Datenschutz konnten inzwischen durch Rahmenverträge der EKD beseitigt werden.

Im Folgenden wird das Projekt „Online-Krippenspiel[90]" vorgestellt.

In Zeiten von Corona können die Kirchen zu Weihnachten nicht so voll sein wie üblich, und auch das Krippenspiel kann nicht wie gewohnt stattfinden.

Zusätzlich zu den Angeboten vor Ort in der Kirche haben wir einen Online-Weihnachtsgottesdienst für die Gemeinde vorbereitet, den viele Kreise der Gemeinde mitgestaltet haben (Chor/Christenlehre/Lektor*innen und Älteste). Die Konfis bekommen nun die Aufgabe, das Online-Krippenspiel als Film zu gestalten. Die Herausforderung und das Spannende – gerade auch für die Konfis ist hier, dass sie sich nicht alle gemeinsam in der Kirche treffen. Jeder Konfi nimmt nur seinen Teil auf, und hinterher wird alles zu einem gemeinsamen Film zusammengeschnitten. Diese Einheit zeigt den Konfis auch, wie „richtige" Filme gedreht werden.

Die Konfis bekommen eine Rolle und nur ihren Text der Szene, in der sie mitspielen. Das gesamte Stück kennen sie nicht. Das schafft mehr Interesse und Spannung unter den Jugendlichen auf das fertige Projekt. Die Konfis werden einzeln in die Kirche eingeladen. Dort wird vor einem Green Screen[91] ihre Szene gedreht. Der Hintergrund und andere Rollen werden später eingefügt.

EXKURS: DIE ARBEIT MIT GREEN SCREEN / TECHNISCHES KNOW HOW UND MÖGLICHKEITEN

Nimmt man Szenen vor einem Green Screen auf, kann man später Bilder oder passende Hintergründe einfügen. In unserer Weihnachts-

---

90 Anstelle eines Krippenspiels lassen sich auf diese Weise auch andere biblische Erzählungen oder Filme jeder Art drehen und bearbeiten.

91 Das wäre die ideale Form, weil sie bei den Konfis noch mehr Interesse erzeugt, und es kann hinterher im Ergebnis ein passender Hintergrund eingestellt werden. Alternativ kann man natürlich die Szenen auch mit Theaterrequisiten drehen ohne Green Screen.

geschichte wäre das z. B. bei der Hirtenszene ein Feld mit Schafen. Bei der Szene im Stall ein Stall mit Ochs und Esel, und bei der Engelbotschaft kann man den Engel sogar aus dem Himmel kommen lassen.

Die Effekte und die Bilder, die man einfügen kann, sind äußerst vielfältig.

Die Jugendlichen werden bei möglichst vielen Arbeitsschritten beteiligt, von der Auswahl der Hintergrundbilder bis hin zu passender Filmmusik und Hintergrundgeräuschen.

Die Konfis lernen in dieser Einheit auch den kritischen Umgang mit Medien kennen. Sie erkennen, dass in einem Video vieles bearbeitet werden kann und dass nicht unbedingt alles, was man später auf dem Bildschirm sieht, genauso auch gewesen ist.

PROJEKT „WEIHNACHTSVIDEO“

Dieses Projekt umfasst 7 Einheiten

STUNDE 1 „ADVENT – ZEIT DER VORBEREITUNG“

Nach der Ankommensrunde wird darauf hingewiesen, dass wir uns in den nächsten Wochen mit der Vorbereitung auf Weihnachten beschäftigen. Es gibt 4 Sonntage im Advent. Die Konfis sollen sich in 4 Gruppen aufteilen, und jede Gruppe ist „zuständig“ für einen Adventssonntag. Dazu sollen sie ein vorgegebenes biblisches Zitat mit einem passenden Bild gestalten. Es soll ein Begleitbild für den jeweiligen Adventssonntag sein. Die Aufgabe besteht darin, einen Instagram-Post für die gemeindeeigene Instagram-Seite zu erstellen für diesen Adventssonntag. Man kann die entstandenen Bilder natürlich auch anderweitig verwenden, z. B. im Gottesdienst austeilen oder in die Schaukästen hängen.

Die Gruppen bekommen den Bibeltext, der für diesen Adventssonntag wichtig ist, und einen Satz aus diesem Text, mit dem sie weiter arbeiten sollen.

Sie können entweder ein passendes Bild zu diesem Satz auf einer Internetplattform suchen (gemeinfrei, wie z. B. pixabay) oder sie können selbst einen passenden Hintergrund erstellen (malen oder fotografieren).

Gruppe 1 / 1. Advent / Markus 13,24-37
Nachdem ihr euch den Bibeltext im Markusevangelium 13,24-37 durchgelesen habt, gestaltet ein Instagram Post (Plakate) mit dem Text Markus 13,37: „Was ich aber euch sage, das sage ich allen: Wachet!"[92]
Gruppe 2 / 2. Advent / Markus 1,1-8
Text zum Gestalten: Markus 1,7 „Nach mir kommt der, der stärker ist als ich."[93]
Gruppe 3 / 3. Advent / Johannes 1,6-9
Text zum Gestalten: Johannes 1,9 „ Das war das wahre Licht, das alle Menschen erleuchtet, die in diese Welt kommen."[94]
Gruppe 4 / 4. Advent / Lukas 1,26-38
Text zum Gestalten: Lukas 1,31 „Siehe du wirst schwanger werden und einen Sohn gebären, dem sollst du den Namen Jesus geben."[95]

STUNDE 2 "ABLAUF EINES WEIHNACHTSGOTTESDIENSTES"

Nach der Ankommensrunde und Vorstellung der Ergebnisse der letzten Stunde wird das Projekt „Online-Gottesdienst" zu Weihnachten vorgestellt.

Mit den Jugendlichen wird gemeinsam überlegt, was einen Weihnachtsgottesdienst generell ausmacht. Aus welchen Teilen besteht er, und was halten die Konfis davon für wichtig, was eher nicht so. Was haben sie selbst erlebt in Weihnachtsgottesdiensten? Wurden diese Fragen zunächst allgemein geklärt, wird der Blick nun auf einen

92 Luther 2017.

93 Luther 2017.

94 Luther 2017.

95 Luther 2017.

Online-Gottesdienst gelegt. Was muss hier besonders berücksichtigt werden? Gibt es besondere Herausforderungen? Gibt es Grenzen, oder bietet ein digitaler Gottesdienst sogar besondere Möglichkeiten und neue Ideen? All das sollte mit den Konfis in dieser Stunde überlegt werden.

Die Konfis gehen nach diesen Vorüberlegungen in kleinere Untergruppen und stellen stichpunktartig einen Online-Weihnachtsgottesdienst zusammen, der für sie stimmig ist und alles Wichtige enthält. Anschließend wird dieser Entwurf der Gruppe vorgestellt und werden die Entwürfe miteinander verglichen.

Es wird gemeinsam überlegt: Wie kann unser Online-Weihnachtsgottesdienst für unsere Gemeinde dieses Jahr aussehen, was sind wichtige Elemente?

STUNDE 3 „KRIPPENSPIEL"

Nach der Ankommensrunde wird den Jugendlichen gesagt, dass die Gemeinde dieses Jahr einen Online-Gottesdienst für Weihnachten erstellt. Der Teil, den die Konfis im Weihnachtsvideo übernehmen sollen, ist das Krippenspiel. Auch hier wird nun gemeinsam überlegt, was die Konfis als Chancen und Grenzen eines Online-Krippenspiels sehen. Anschließend wird der genauere Ablauf erarbeitet. Die Konfis sollen möglichst bei vielen Entscheidungen mit einbezogen werden. Die Technik (Green Screen) wird erklärt, am besten mit Hilfe von einem YouTube-Tutorial. Man kann seinen eigenen Bildschirm über Zoom teilen, so dass es alle Konfis sehen können.

Die biblische Weihnachtsgeschichte wird gemeinsam gelesen (Lukas 2,1-20 und Matthäus 2,1-12). Das Krippenspiel beinhaltet genau diese biblischen Texte und die Rollen, die hier vorkommen. Die Rollen werden verteilt. Anschließend werden Termine mit den Konfis vereinbart, zu denen sie einzeln in die Kirche kommen und ihren Teil aufnehmen.

Hausaufgabe:
Die Konfis kennen die biblische Erzählung der Geburt Christi. Sie bekommen nun per Mail die Szenen zugeschickt, in denen sie mitspielen. Als Hausaufgabe sollen sie für ihre Rolle und Szene/n im Internet nach einem passenden Hintergrundbild,[96] passenden Geräuschen und passender Hintergrundmusik suchen.[97]

Die Arbeit in den Internetforen, die zum Suchen benutzt werden können (Beispielsweise: YouTube Studio und Unsplash), werden den Konfis in der Sitzung vorher kurz gezeigt und erklärt.

In den nächsten 2 Wochen kommen die Konfis einzeln in die Kirche, und ihre Szenen werden aufgenommen. Sie sollen nach Möglichkeit ihr eigenes Kostüm mitbringen.

STUNDE 4 TECHNISCHE UMSETZUNG

Die Hintergrundbilder zu den einzelnen Szenen werden angesehen und verglichen. Was passt am besten? Diese Bilder werden dann später im Video verwendet.

Ebenso wird mit den Geräuschen und der Musik verfahren.

STUNDE 5 PREDIGT

Neben der Erarbeitung des Krippenspiels können die Konfis auch gut in die Überlegungen zur Weihnachtspredigt mit einbezogen werden.

Ein Teil im Online-Weihnachtsgottesdienst ist die Predigt. Das Jahr 2020 war ein besonderes Jahr. Viele Menschen waren besorgt und unsicher wegen des Coronavirus. Sie hatten Angst. Der Angst wird in der biblischen Weihnachtsgeschichte die Botschaft der Engel gegenübergestellt: „Fürchtet euch nicht!“

Mit den Konfis wird zunächst überlegt, wovor sie Angst haben. Sie sollen ein Bild zu ihrer Angst (Coronavirus, Dunkelheit, Unfall) im Internet finden und in dieses Bild die Botschaft der Engel schreiben: „Fürchte dich nicht!“

---

96 Z. B. kann man kostenfreie Bilder und Hintergrundbilder auf der Internetseite www.unsplash.com

97 Z. B. bei YouTube Studio.

Wenn sie es in dieser Online-Stunde nicht fertigbekommen, ist es bis zum nächsten Mal ihre Hausaufgabe.

STUNDE 6 „FÜRCHTE DICH NICHT!"

Die unterschiedlichen Bilder der Konfis mit den Ängsten und dem Spruch des Engels werden gemeinsam betrachtet.

Warum sagen die Engel „Fürchte dich nicht!"? Sie sagen es, weil sie auf Jesu Geburt hinweisen. Weil Jesus kommt, brauchen wir keine Angst zu haben.

Es wird gefragt, ob die Konfis Geschichten von Jesus aus der Bibel kennen. Vielleicht kennen sie Wundergeschichten aus der Bibel, in denen Jesus Menschen heilt. Mit diesen Heilungen sagt Jesus immer auch: „Fürchte dich nicht! Ich sehe dich, in deiner Krankheit bist du nicht allein, ich bin da!"

Wir erkennen, Jesus ist in den biblischen Geschichten stärker als die Krankheiten. Dort, wo Jesus ist und wo er wirkt, überwindet er die Krankheiten, geht mit den Menschen gemeinsam weiter, ist da in Leid und Elend. So wird der Angst die Kraft genommen.

Selbst die Angst vor dem Tod überwindet Jesus – seit der Auferstehung Jesu zu Ostern hat der Tod keine Macht und keinen Schrecken mehr.

Hier wird einiges an theologischem Vorwissen der Jugendlichen gefordert.

Der Hauptaspekt sollte daher auf ihren Ängsten liegen. Diese ernst zu nehmen und die Botschaft der Engel in ihre Ängste hineinzusprechen, hineinzuschreien: „Fürchte dich nicht!"

Was macht das mit den Ängsten?

STUNDE 7 GEMÜTLICHER ABSCHLUSS

Diese Stunde ist die letzte gemeinsame Stunde vor Weihnachten und den Weihnachtsferien.

Mit den Konfis werden gemeinsam Kekse gegessen (vorher in der Einladung dazu schreiben, dass Kekse bereitliegen sollten).

Es wird gemeinsam das fertige Weihnachtsvideo geschaut, und es werden Online-Spiele gespielt.

Bsp.: www.scrippl.io (Montagsmaler)

Oder: www.stadtlandfluss.cool

Bei diesen Online-Spielen kann man es so einstellen, dass man mit der eigenen Konfigruppe zusammen spielt.

Als Alternative kann man auch gemeinsam einen Stern basteln. Hier müssen nur alle Konfis vorher zu Hause wissen, welches Bastelmaterial sie dafür brauchen.

VORLAGE: KRIPPENSPIEL FÜR KONFIS/VIDEO

Szene 1	ERZÄHLER*IN: Es begab sich aber zu der Zeit, dass ein Gebot von dem Kaiser Augustus ausging, dass alle Welt geschätzt würde. Und diese Schätzung war die allererste und geschah zu der Zeit, da Quirinius Statthalter in Syrien war. Und jedermann ging, dass er sich schätzen ließe, ein jeglicher in seiner Stadt. Da machte sich auf auch Josef aus Galiläa, aus der Stadt Nazareth, in das jüdische Land zur Stadt Davids, die da heißt Bethlehem,	Hintergrund: Pastor*in in der Kirche

	darum dass er von dem Hause und Geschlechte Davids war, auf dass er sich schätzen ließe mit Maria, seinem vertrauten Weibe, die war schwanger.[99]	
Erzähler*in Szene 2 Maria & Josef	JOSEF: So lange suchen wir jetzt schon ein Nachtquartier, aber es ist nichts zu finden! Alles ist belegt! MARIA: Das wird überall so sein. Wegen der Volkszählung sind schließlich alle Leute unterwegs. Aber guck mal, Josef, da ist noch eine Herberge, da haben wir noch nicht gefragt.	Hintergrund: Landschaft, unterwegs, Esel
Szene 3 Josef	JOSEF (klopft an eine Tür)	
Szene 4 Wirt	WIRT (macht auf): Guten Abend! Sie kommen bestimmt von weit weg. Es sind komische Zeiten gerade – alles voll. Und Frauen, die so schwanger sind wie sie, sollten eigentlich zu Hause bleiben und nicht rumlaufen. Aber was kann man machen? Gesetz ist Gesetz, da muss sich jeder zählen lassen. Wo kommen Sie denn her?	

99 Alle Bibeltexte des Erzählers sind zitiert nach Luther 2017.

Szene 5 Josef	JOSEF: Wir kommen aus Nazareth, in Galiläa und wir sind schon viele Tage unterwegs und wir brauchen eine Unterkunft für die Nacht. Wir müssen uns ausruhen, und meine Frau braucht dringend eine Pause!	
Szene 6 Wirt	WIRT: Ach du meine Güte. Ja, was können wir da denn machen? (überlegt) Hier im Haus ist alles belegt, da ist kein Platz mehr, aber warten Sie mal – mmh höchstens im Stall, da wäre noch Platz. Vielleicht könnte das gehen!?	
Szene 7 Erzähler*in	ERZÄHLER*IN: Und als sie daselbst waren, kam die Zeit, dass sie gebären sollte. Und sie gebar ihren ersten Sohn und wickelte ihn in Windeln und legte ihn in eine Krippe; denn sie hatten sonst keinen Raum in der Herberge.	
Szene 8 Musik		
Szene 9 Erzähler*in	ERZÄHLER*IN: Und es waren Hirten in derselben Gegend auf dem Felde bei den Hürden, die hüteten des Nachts ihre Herde. Und der Engel des Herrn trat zu ihnen, und die Klar-	

	heit des Herrn leuchtete um sie, und sie fürchteten sich sehr.	
Szene 10 2 Hirten	HIRTE 1: Was ist das? Wo kommt das her? Merkst du das auch? HIRTE 2: Ja, da ist ein Licht! HIRTE 1: Und ich höre leise Musik! Warte, das Licht wird heller. HIRTE 2: Und die Musik lauter … HIRTE 1: Ich bekomme wirklich Angst! HIRTE 2: Ja, das ist voll unheimlich!	Hintergrund: Hirten auf dem Feld, Schafe, Musik wird allmählich lauter
Szene 11 Musik		
Szene 12 Engel	ENGEL: Fürchtet euch nicht! Siehe, ich verkündige euch große Freude, die allem Volke widerfahren wird; denn euch ist heute der Heiland geboren, welcher ist Christus, der Herr, in der Stadt Davids. Und das habt zum Zeichen: Ihr werdet finden das Kind in Windeln gewickelt und in einer Krippe liegen.	Hintergrund: Himmel und sphärische Klänge (Musik)

Szene 13	ERZÄHLER*IN: Und alsbald war da bei dem Engel die Menge der himmlischen Heerscharen, die lobten Gott und sprachen:	
Szene 14 Musik	Engelschor/Gloria	Engel im Himmel singen ...
Szene 15 Erzähler*in	ERZÄHLER*IN: Und da die Engel von ihnen gen Himmel fuhren, sprachen sie untereinander:	
Szene 16 2 Hirten	HIRTE 2: Hast du das auch gesehen! HIRTE 1: Das waren Engel! Was haben sie gesagt? HIRTE 2: Wir sollen nach Bethlehem gehen, Gottes Sohn ist geboren! HIRTE 1: Ja, er soll in einer Futterkrippe liegen! HIRTE 2: Los, gehen wir nach Bethlehem und lass uns selbst sehen, was da geschehen ist!	Hintergrund wie Szene 10
Szene 17 Erzähler*in	ERZÄHLER*IN: Und sie kamen eilend und fanden beide, Maria und Josef, dazu das Kind in der Krippe liegend.	

Szene 18 2 Hirten	HIRTE 1: Da ist der Stall! HIRTE 2: Genau wie der Engel gesagt hat! HIRTE 1: Dürfen wir reinkommen?	Hintergrund: auf dem Weg zum Stall
Szene 19 Maria	MARIA: Kommt herein, ihr seid willkommen.	
Szene 20 2 Hirten	HIRTE 1: „Friede auf Erde“ hat der Engel gesagt. Spürt ihr es auch? Ich könnte springen vor lauter Freude! HIRTE 2: Kommt, wir beten ihn an! Gottes Sohn, den Retter und Erlöser. HIRTE 1: Den Christus und Messias!	
Szene 21 Josef	JOSEF: Seht doch, wer kommt denn da noch?	Hintergrund: im Stall
Szene 22 Musik	Königliche Fanfaren / Trompeten	Hintergrund: im Stall Hintergrund: im Stall
Szene 23 Die 3 Könige	KÖNIG 2: Wir kommen von weit her!	Hintergrund: vor dem Stall

Szene 24	KÖNIG 3: Wir haben von dem neugeboren König der Juden gehört und sind hergekommen, um ihn anzubeten! KÖNIG 1: Ein Stern hat uns den Weg gezeigt. KÖNIG 1: Ein Stall! Ja, der Retter und Heiland in einem Stall. Sein Leben ist bitter von Anfang an. Deshalb schenke ich ihm Myrrhe. (verneigt sich und stellt Myrrhe ab) KÖNIG 2: Ein König! Ein König, der Frieden bringt. Ich schenke ihm Gold. (verneigt sich und stellt Gold ab) KÖNIG 3: Er kommt von Gott. Sogar die Sterne künden von ihm. Mögen es alle erkennen und ihn anbeten. Deshalb schenke ich ihm Weihrauch. (verneigt sich und stellt Weihrauch ab)	Hintergrund: im Stall vor der Krippe
Szene 25 Musik	Stille Nacht	

LITERATURVERZEICHNIS

BÜCHER

(EG) Evangelisches Gesangbuch, Ausgabe für die Evangelische Landeskirche in Württemberg, Stuttgart 1996.
(SJ) Singt Jubilate, Lieder und Gesänge für die Gemeinde, im Auftrag der EKBO (Hg. G. Kennel), Berlin/München 2012.
Feiert Jesus, Band 5, SCM Hänssler Musik, 2. Edition (2020).
Feiert Jesus!, Best of Liederbuch, SCM Hänssler Musik, 2020.
Grundgesetz 38. Auflage, Beck-Texte im dtv, München 2003.

Blumesberger, Susanne: Antisemitische Strömungen in österreichischer Kinder- und Jugendliteratur im Zeitraum von 1933-1938. Vorbereitungen und Gegenbewegungen; in: Enderle-Brucel, Gertrude / Reiter-Zatbukal, Ilse (Hg.), Antisemitismus in Österreich 1933–1938, Wien 2018.
Gremmels, Christian / Grosse, Heinrich W., Dietrich Bonhoeffer. Der Weg in den Widerstand, Gütersloh 1996.

Joest, Wilfried: Dogmatik,II: Der Weg Gottes mit den Menschen, Göttingen 1984.

Kim, I. S.: Art. Nevius Methods, in: Dictionary of Asian Christianity, Grand Rapids 1953.

Kierschke, Judith / Schüßler, Thomas: #Konfilogin. Ein gemeindenaher Kurs in 15 Thementagen, Neukirchen-Vluyn 2019.

Lennox, John: Hat die Wissenschaft Gott begraben? Eine kritische Analyse moderner Denkvoraussetzungen, 5. Auflage, Wuppertal 2006.

Huber, Friedrich: Das Christentum in Ost-, Süd- und Südostasien sowie Australien. Kirchengeschichte in Einzeldarstellungen VI/8, Leipzig 2005.

Maull, Hanns W.: Korea, München 1987.

Wilckens, Ulrich: Der Brief an die Römer. 3. Teilband 12-16,Evangelisch-Katholischer Kommentar zum Neuen Testament, Zürich / Neukirchen-Vluyn 1982.

Sexualerziehung. Methoden für die Unterrichtsgestaltung, Sekundarstufe 1, HG. Landesinstitut für Lehrerbildung und Schulentwicklung (LI), Hamburg 2014 (Download der Broschüre unter: www.li.hamburg.de/vielfalt, S. 9.).

WEITERFÜHRENDE LINKS

Kurze Geschichte der künstlichen Intelligenz, Teil 1: https://www.welytics.ai/blog/2019-08-30-geschichte-ki-teil1/

Onlinespiel: www.scrippl.io (Montagsmaler)
Onlinespiel: www.stadtlandfluss.cool

Strafprozessordnung: Einstellung des Verfahrens wegen Geringfügigkeit
https://www.gesetze-im-internet.de/stpo/__153.html

Strafgesetzbuch: § 303 Sachbeschädigung
https://dejure.org/gesetze/StGB/303.htmtl.html
https://www.uno fluechtlingshilfe.de/

https://medeor.de/de/

Kirchensteuer: Statistik zur EKD
https://www.ekd.de/statistik-kirchensteuer-44297.htm

Webseite des Bildungsserver Berlin Brandenburg für Lehrkräfte, Unterrichtsmaterialien zur sexuellen Vielfalt: https://www.zwischentoene.info/themen/unterrichtseinheit/praesentation/ue/homophobie.html

YOUTUBE-FILME

ASIMO on LIVE with Kelly and Michael (von 2014):
https://www.youtube.com/watch?v=skXYr8BzjpM
Diese Person ist nicht real - Der unheimlich echte Chatbot
https://www.youtube.com/watch?v=dOHgSztfUuk

Ein Pfleger namens Garmi: Wie ein Roboter in der Altenpflege helfen kann | Stationen | BR (2019)
https://www.youtube.com/watch?v=6ymaQlnnSSY
I took a ride in Waymo's fully driverless car (2019)
https://www.youtube.com/watch?v=__EoOvVkEMo

Killer-Roboter: Töten ohne Gewissen? | Monitor | Das Erste | WDR (2018)
https://www.youtube.com/watch?v=ltLV5Na70wU

Sophia Awakens – Episode 1 (2016)
https://www.youtube.com/watch?v=LguXfHKsaoc

Installation „BlessU-2" / LichtKirche Wittenberg (Segensroboter / Blessing Robot) (2017)
https://www.youtube.com/watch?v=XfbrdCQiRvE

Kirchenasyl – Rechtsbruch oder Akt der Barmherzigkeit / Reportage aus dem ARD-Mittagsmagazin vom 2015
https://www.youtube.com/watch?v=2jK9agLe-Fo

EKBO: Was passiert eigentlich mit meiner Kirchensteuer?
https://www.youtube.com/watch?v=N70G9cel_4A

Vlog Ellen und Steffi Radtke „Warum machen lesbische Pastorinnen Youtube?"
https://www.youtube.com/watch?v=LMLZoPP4hGE

Musikvideos „Jerusalema"
https://www.youtube.com/watch?v=QJgwF_9cl1M

Tape Art Academy Tutorial - Tape Art Techniken/ Anleitung
https://www.youtube.com/watch?v=zYR7UooeH4A

VERWENDETE QUELLEN UND BIBELTEXTE

Die Volxbibel. Altes und Neues Testament, Martin Dreyer (Hg.), Pattloch Verlag, Volxbibel-Verlag, 2014.

Lutherbibel, revidiert 2017, Deutsche Bibelgesellschaft Stuttgart

BILDNACHWEISE

Holzschnitte von Albrecht Dürer (Die heimliche Offenbarung Johannis)
https://www.johannesoffenbarung.ch/bilderzyklen/duerer.php

NS-Plakat: Es lebe Deutschland
http://primaryhistorysource.blogspot.com/2013/07/feature-has-way-that-leaders-are.html

Deutsches Pressemuseum. NS-Plakat zur Hitler-Jugend „Jugend dient dem Führer"
http://pressechronik1933.dpmu.de/dokument-ns-plakat-zur-hitler-jugend/

Jugendlexikon, Führerkult:
https://jugend1918-1945.de/portal/jugend/lexikon.aspx?typ=lexikonID&id=5156&iframe=true

www.dorsten-unter-hakenkreuz.de/Weihnachtsbild:Deutsche Weihnacht
http://www.dorsten-unterm-hakenkreuz.de/2012/05/28/weihnachten-wurde-ideologisch-umgedeutet-alte-weihnachtslieder-bekamen-andere-texte-und-hitler-sollte-als-weltenerloser-vergottlicht-werden/

https://www.tagesspiegel.de/gesellschaft/queerspiegel/ehe-fuer-alle-ein-pfarrer-erzaehlt-von-lesbischen-und-schwulen-hochzeiten/20007308.html

„Hallo Gemeinde, wir kommen!" – der neue Konfi-Kurs

Konfirmandenunterricht als reiner Wissensvermittlungskurs ist zu wenig. Genauso wichtig ist der Kontakt zwischen den Jugendlichen und ihrer Gemeinde, meinen Judith Kierschke und Thomas Schüßler. Denn nur wer sich in einer Gemeinschaft angenommen fühlt, wird auch bleiben. An den verschiedenen Thementagen lernen die Konfis die wichtigsten christlich-theologischen Inhalte kennen, und gleichzeitig wird immer wieder der Kontakt zur Gemeinde hergestellt.